SE 07

Curso
MAD360

La diferencia entre aprobar
y sacar plaza

Auxiliar Administratiu/va

AF212405

GENERALITAT DE CATALUNYA

Si encara no disposes del teu **Curs MAD360**, t'oferim un accés GRATUÏT de 30 dies perquè puguis gaudir dels següents recursos:

- Tècniques de Memòria 360
- MADTEST: Tests Nivell PRO.
- Temari en format digital.
- Planificació de l'estudi.
- Recursos i novetats exclusives.
- Actualitzacions legislatives (Butlletins Oficials) fins a 60 dies abans de la data de l'examen*.

Per accedir a aquesta prova del Curs MAD360, caldrà comprar tots els llibres de l'edició 2026 d'aquesta especialitat.

Registra't a **mad.es/iniciar-sesion** i, a la pestanya **ELS MEUS CURSOS**, valida els codis que trobaràs a l'última pàgina dels teus llibres. Recorda que disposes d'un termini de **45 dies des de la data de compra** per fer la validació. Si no verifiques la teva matrícula, el període d'ús del curs començarà a comptar encara que no hi hagis accedit.

NOTA IMPORTANT:

* Examen d'aquesta categoria professional corresponent a la convocatòria publicada al DOGC n.º 9595, de 2 de febrer de 2026, o fins al 30 d'abril de 2027, el que es compleixi abans, i prèvia renovació del servei.

** L'accés al CURS MAD360 estarà disponible a partir d'abril de 2026 (alguns recursos podrien estar disponibles en una data posterior). Tindrà una durada de 30 dies RENOVABLES mitjançant pagament, des de la validació dels codis, o fins al 31 d'octubre de 2027, el que es compleixi abans.

MAD es reserva el dret d'ampliar aquestes dates.

Auxiliar Administratiu/va de la Generalitat de Catalunya

Març 2026

Auxiliar Administratiu/va de la Generalitat de Catalunya

Test del temari

ENCARNA ROJO FRANCO
Redactora Sènior
Oposicions i Cursos Professionals

MIGUEL ÁNGEL NAVAS DUEÑAS
Enginyer Superior en Telecomunicacions
Professor d'Informàtica de Cicles Formatius de Grau Mitjà i Batxillerat

MAGALÍ RIERA ROCA
Llicenciada en Dret

© 7 Editores Recursos para la Cualificación Profesional y el Empleo, S.L. (7 Editores)
© Els autors
Primera edició, març 2026 (192 pàgines)
Drets d'edició reservats a favor de 7 Editores
Prohibida la reproducció total o parcial sense permís escrit de l'editor.
IMPRÈS A ESPANYA.
Edita: 7 Editores
Avda. San Francisco Javier, 9 · Edificio Sevilla 2 · Planta 11 · Módulos 25-27 · 41018 Sevilla
Teléfono: 954 784 411 · WEB: www.mad.es · e-mail: administracion@7editores.com
ISBN: 979-13-702-8705-4
© "Editorial Mad" i "Eduforma" són noms comercials registrats de
7 Editores Recursos para la Cualificación Profesional y el Empleo, S.L.

Queda rigorosament prohibida la reproducció total o parcial d'aquesta obra per qualsevol mitjà
o procediment sense l'autorització per escrit de l'editor.

Index

Marc constitucional: els principis, els drets i deures fonamentals de les persones i les seves garanties. L'Estatut d'autonomia de Catalunya: principis rectors, drets i deures, tipologia de competències. El Govern i el president o la presidenta de la Generalitat

1. La Constitució es fonamenta...:

a) En la unitat de la Nació Espanyola.
b) En el compromís d'unitat de tots els pobles i nacionalitats integrants de la Nació Espanyola.
c) En la indissoluble unitat de la Nació Espanyola.
d) En la pluralitat dels pobles integrants de la Nació Espanyola.

2. Els valors superiors de l'ordenament jurídic propugnats des de la Constitució de 1978 són...:

a) La llibertat, la justícia, la igualtat i el pluralisme polític.
b) La llibertat, la justícia i la lliure competència.
c) La llibertat, la igualtat i el pluralisme polític i sindical.
d) La llibertat, la igualtat i la fraternitat.

3. Quin dels següents principis està garantit constitucionalment?

a) La responsabilitat i la interdicció de l'arbitrarietat de l'Administració Pública, tant nacional, com autonòmica o local.
b) La responsabilitat de l'Administració Pública.
c) La interdicció de l'arbitrarietat del poder judicial.
d) La responsabilitat i la interdicció de l'arbitrarietat dels poders públics.

4. Quina de les següents matèries no és regulada en el Títol Preliminar de la Constitució de 1978?

a) Les Corts Generals.
b) Les Associacions d'Empresaris.

9

c) Les Forces Armades.
d) Els Partits Polítics.

5. Assenyaleu quina de les següents afirmacions referents a les missions de les Forces Armades, NO és correcta:

a) Defensen l'ordenament constitucional, impedint, per exemple, un cop d'estat antidemocràtic.
b) Defensen la integritat territorial de l'Estat, la qual cosa no és obstacle perquè consentin la independència d'alguna o algunes nacionalitats o regions d'Espanya, després de decisió lliurement adoptada a aquest efecte en referèndum d'autodeterminació.
c) Garanteixen la independència d'Espanya, lluitant, per exemple, contra la invasió militar del nostre territori per un exèrcit estranger.
d) Defensen la integritat territorial de l'Estat, no consentint, per exemple, la ruptura de la unitat d'Espanya.

6. Les bases de l'organització militar conforme als principis constitucionals...:

a) Es regulen en la pròpia Constitució, en el Títol VIII.
b) Es regulen per Llei ordinària, conforme al mandat constitucional.
c) Es regulen per Llei orgànica, conforme al mandat constitucional.
d) Es regulen en la pròpia Constitució, en el Títol Preliminar.

7. Les Forces Armades estan constituïdes per...:

a) L'Exèrcit de Terra, amb el suport logístic de l'Armada i de l'Exèrcit de l'Aire.
b) La Junta de Caps d'Estat Major.
c) L'Exèrcit de Terra, l'Armada i l'Exèrcit de l'Aire.
d) L'Exèrcit de Terra, l'Armada, l'Exèrcit de l'Aire, i el conjunt de cossos i forces de Seguretat de l'Estat.

8. Els sindicats de treballadors...:

a) Contribueixen juntament amb les associacions d'empresaris a la defensa i promoció dels interessos econòmics i socials que li són propis.
b) Contribueixen en solitari a la promoció dels interessos socials.
c) Contribueixen a la defensa dels seus exclusius interessos econòmics.
d) Contribueixen juntament amb les associacions d'empresaris a la defensa dels interessos socials, però no de naturalesa pròpia, sinó general.

9. Les altres llengües de les respectives Comunitats Autònomes...:

a) Seran les úniques llengües oficials en les respectives comunitats d'acord amb els seus Estatuts.
b) Han de ser conegudes i utilitzades per tots els espanyols que resideixin o visitin la comunitat autònoma afectada.

c) Seran també oficials en les respectives comunitats autònomes d'acord amb els seus Estatuts.

d) Són oficials també a la resta de l'Estat.

10. La forma política de l'Estat Espanyol és...:

a) El Parlamentarisme Bicameral.
b) La Monarquia Parlamentària.
c) El Parlamentarisme Democràtic.
d) La Monarquia Institucional.

11. La sobirania nacional:

a) Resideix en el Rei.
b) Resideix al poble.
c) Resideix en els ciutadans majors d'edat.
d) Resideix en el Congrés dels diputats i en el Senat.

12. La llengua oficial de l'Estat és...:

a) L'espanyol.
b) L'idioma autòcton en aquelles comunitats que gaudeixin de llengua pròpia.
c) El castellà en aquelles comunitats autònomes que no siguin bilingües.
d) El castellà.

13. Els poders de l'Estat emanen...:

a) De les Corts Generals.
b) Del Rei.
c) Del Govern de la Nació triat mitjançant sufragi universal.
d) Del poble.

14. Respecte les nacionalitats i les regions que integren la Nació Espanyola, la Constitució els reconeix i garanteix:

a) El dret a la solidaritat entre elles, però no el dret a l'autonomia políticament entesa.
b) El dret a la seva lliure federació o confederació.
c) El dret a la lliure autodeterminació.
d) El dret a l'autonomia.

15. La riquesa de les diferents modalitats lingüístiques d'Espanya...:

a) És un patrimoni polític que no podrà vulnerar el principi de solidaritat entre les diferents nacionalitats i regions.
b) És un patrimoni cultural que serà objecte d'especial respecte i protecció.

c) És un patrimoni natural que haurà de ser desenvolupat exclusivament per les Comunitats Autònomes afectades.

d) És un patrimoni cultural la gestió del qual correspondrà a Nacions Unides.

16. Tots els espanyols, pel que fa a l'idioma oficial de l'Estat...:

a) Tenen el deure d'usar-lo.
b) Tenen el deure conèixer-lo i el dret d'usar-lo.
c) Tenen el deure i el dret de conèixer-lo.
d) Tenen el deure i el dret d'usar-lo.

17. Les banderes i ensenyes pròpies de les Comunitats Autònomes, reconegudes en els seus Estatuts...:

a) S'utilitzaran juntament amb l'espanyola només en els actes oficials de caràcter estatal.

b) S'utilitzaran juntament amb l'espanyola als seus edificis públics i en els seus actes oficials.

c) La utilització conjunta de la bandera d'Espanya i la de cada Comunitat Autònoma és potestat de les autoritats de l'administració autonòmica.

d) S'utilitzaran en substitució de l'espanyola als edificis públics oficials propis de cada Comunitat.

18. Quin dels següents principis no està garantit per la Constitució de 1978?

a) El principi de jerarquia reglamentària.
b) El principi d'irretroactivitat.
c) El principi de publicitat de les normes.
d) El principi de legalitat.

19. L'estructura interna i el funcionament dels partits polítics haurà de ser...:

a) Jeràrquica.
b) Estructurada.
c) Democràtica.
d) Transparent.

20. La capital de l'Estat és la vila de...:

a) Madrid, integrada en la Comunitat Autònoma de Castella i Lleó.
b) Madrid, integrada en la Comunitat Autònoma de Castella-La Manxa.
c) Madrid, no pertanyent per tal motiu a cap comunitat autònoma.
d) Madrid, integrada en la Comunitat Autònoma del mateix nom.

21. Correspon als poders públics promoure les condicions perquè la llibertat i la igualtat de l'individu i dels grups en què s'integra...:

a) S'emprin pels ciutadans dins del respecte a la Constitució i les lleis.
b) Aconsegueixin el nivell més alt possible.

c) Siguin comunes a tots els membres de la societat.
d) Siguin reals i efectives.

22. La bandera d'Espanya està formada per tres franges, vermella, groga i vermella...:

a) Verticalment col·locades, sent la groga de doble amplària que cadascuna de les vermelles.
b) Horitzontalment col·locades, sent la vermella de doble amplària que cadascuna de les grogues.
c) Horitzontalment col·locades, sent les tres franges d'igual amplària.
d) Horitzontalment col·locades, sent la groga de doble amplària que cadascuna de les vermelles.

23. Quin dels següents principis està garantit constitucionalment?

a) La seguretat jurídica.
b) La seguretat mercantil.
c) La seguretat del tràfic.
d) La seguretat ciutadana.

24. Segons la Constitució de 1978, l'Estat s'ha constituït...:

a) En una Monarquia democràtica de Dret.
b) En un Estat social i democràtic de Dret.
c) En una Nació social i democràtica de Dret.
d) En un Estat respectuós del Dret i de la Democràcia.

25. La creació i l'exercici de l'activitat dels partits polítics...:

a) És lliure, dins del respecte a la dignitat de les persones i de les institucions públiques.
b) És lliure, dins del respecte a les regles del joc democràtic establertes en la Llei reguladora dels Partits Polítics.
c) És lliure, dins del respecte a la Constitució i a la Llei.
d) És lliure, sense cap limitació.

26. Els partits polítics...:

a) Concorren a la formació de la voluntat institucional.
b) Expressen el pluralisme ideològic en tots els àmbits.
c) Són instrument fonamental per a la participació política.
d) Participen en la manifestació de la voluntat de les agrupacions polítiques.

27. Correspon als poders públics...:

a) Afermar els obstacles que impedeixin una equivocada o desmesurada ocupació de la llibertat individual.
b) Regular les vies necessàries per aconseguir el gaudi d'una seguretat plena per part dels ciutadans.

c) Facilitar la participació dels ciutadans en la vida cultural i social.
d) Facilitar la participació dels ciutadans amb capacitat en la vida política.

28. El principi d'irretroactivitat garantit en la Constitució de 1978 abasta...:

a) Les disposicions sancionadores no favorables o restrictives de drets individuals.
b) Totes les disposicions legals de qualsevol ordre.
c) Totes les normes de caràcter penal.
d) Les disposicions sancionadores, més aquelles que imposin penes privatives de llibertat no superior als sis anys, o de multa de qualsevol import.

29. Assenyaleu quina de les següents afirmacions relativa als sindicats i a les associacions empresarials NO és correcta:

a) El seu funcionament intern haurà de ser democràtic.
b) La seva estructura interna haurà de ser jeràrquica.
c) La seva creació serà lliure dins del respecte a la Constitució i a la Llei.
d) L'exercici de la seva activitat serà igualment lliure dins del respecte a la Constitució i a la Llei.

30. A la Constitució i a la resta de l'ordenament jurídic..:

a) Els ciutadans i els poders públics estan sotmesos exclusivament a l'imperi de la Llei.
b) Estan subjectes tant els ciutadans com els poders públics.
c) Estan subjectes només els poders públics.
d) Estan subjectes exclusivament els ciutadans.

31. Segons l'article 167 de la Constitució de 1978, aprovada la reforma constitucional per les Corts Generals...:

a) Serà sotmesa a referèndum per a la seva ratificació.
b) El Rei la sancionarà, promulgant-se a continuació.
c) Serà sotmesa a control previ de constitucionalitat del Tribunal Constitucional.
d) Serà sotmesa a dictamen del Consell d'Estat.

32. Quan es proposi la revisió total de la Constitució de 1978, es procedirà a l'aprovació del principi...:

a) Per majoria de tres cinquenes parts de cada Cambra.
b) Per majoria de dos terços d'ambdues Cambres reunides en sessió conjunta.
c) Per majoria de dos terços de cada Cambra.
d) Per majoria absoluta de cada Cambra.

33. La iniciativa de reforma constitucional...:

a) Només correspondrà al Govern.
b) Només correspondrà al Congrés i al Senat.

c) S'exercirà en els mateixos termes que la iniciativa legislativa.

d) No podrà correspondre en cap cas, ni directa ni indirectament, a les Comunitats Autònomes.

34. Segons l'art. 168 de la Constitució de 1978, el nou text analitzat per les Cambres recentment constituïdes, haurà de ser aprovat...:

a) Per majoria absoluta d'ambdues Cambres.

b) Per majoria de tres cinquenes parts d'ambdues Cambres.

c) Per majoria de dos terços d'ambdues Cambres.

d) Cap de les respostes anteriors es correcta.

35. Les Cambres constituïdes...:

a) Hauran de convocar nou referèndum per a la ratificació de la reforma constitucional.

b) Hauran de donar per acabat el procés de reforma constitucional si la força política que la va promoure ha perdut més de la tercera part dels vots en les eleccions celebrades.

c) Convocaran immediatament sessió conjunta.

d) Hauran de ratificar la decisió de reforma constitucional, i procedir a l'estudi del nou text constitucional.

36. De no aconseguir-se l'aprovació del projecte, després de la falta d'acord entre les Cambres, culminats els tràmits marcats constitucionalment:

a) El Congrés, per majoria de dos terços, podrà aprovar la reforma, si el text hagués obtingut el vot favorable de la majoria absoluta del Senat.

b) Cada Cambra, per majoria absoluta, podrà aprovar la reforma.

c) Només es podrà aprovar el text, si hagués obtingut almenys el vot favorable de la majoria absoluta del Congrés.

d) En cap cas podrà continuar-se amb la tramitació del projecte de reforma constitucional.

37. La iniciativa per a la reforma total de la Constitució, del Títol Preliminar, del Títol II, o de la Secció primera del Títol I...:

a) Portarà aparellada l'abdicació del titular de la corona.

b) Portarà aparellada l'entrada en vigor de l'estat d'excepció.

c) Portarà aparellada la dissolució immediata de les Corts Generals.

d) Portarà aparellada la convocatòria d'eleccions generals.

38. Els Tribunals d'Honor...:

a) Es prohibeixen en l'àmbit de l'Administració Militar.

b) Es prohibeixen per l'art. 25.4 de la Constitució de 1978.

c) Es prohibeixen en l'àmbit de les organitzacions professionals.

d) Romanen vigents després de l'aprovació de la Constitució de 1978.

39. Les prestacions personals o patrimonials de caràcter públic...:

a) Podran establir-se, segons afirma la Constitució de 1978, en qualsevol cas.
b) No podran establir-se, en cap cas.
c) Només podran establir-se de conformitat amb la Llei.
d) Només podran establir-se en els casos concrets determinats per la Constitució de 1978.

40. Assenyaleu l'alternativa de resposta correcta sobre el dret a sindicar-se lliurement...:

a) L'exercici d'aquest dret per part dels funcionaris no presenta peculiaritat alguna.
b) Es reconeix a tots els treballadors.
c) Podrà ser limitat, o exceptuat, a les Forces Armades.
d) El seu exercici no podrà ser restringit a altres cossos encara que estiguin sotmesos a disciplina militar.

41. En relació amb el dret a la llibertat religiosa, què declara la Constitució de 1978?

a) La reconeix, la garanteix i la protegeix.
b) La reconeix.
c) La garanteix.
d) La reconeix i la garanteix.

42. Quant a la religió estatal...:

a) És la religió catòlica la confessió oficial de l'Estat espanyol.
b) Cap confessió religiosa té caràcter estatal.
c) L'Estat ostenta com a religions oficials la catòlica, la protestant, la islàmica i la jueva.
d) La Constitució no estableix cap precepte que imposi als poders públics la necessitat de mantenir relacions de cooperació amb cap confessió religiosa.

43. Quina és la durada màxima de la detenció preventiva?

a) 36 hores.
b) 48 hores.
c) 72 hores.
d) 24 hores.

44. L'exercici del dret a expressar opinions per escrit...:

a) No pot restringir-se mitjançant cap tipus de censura prèvia.
b) Pot restringir-se mitjançant censura prèvia per part dels organismes oficials en aquells casos en que estigui en risc la seguretat nacional.

c) Només pot restringir-se mitjançant censura prèvia quan l'opinió sigui abocada a través dels mitjans de comunicació de l'Estat.

d) Pot restringir-se mitjançant censura prèvia quan els destinataris de l'opinió siguin menors d'edat.

45. Assenyaleu quina de les següents afirmacions és INCORRECTA:

a) La Constitució estableix que l'home i la dona tenen dret a contreure matrimoni amb plena igualtat jurídica.

b) La Constitució admet que el matrimoni pugui ser dissolt.

c) La Constitució disposa que l'edat i la capacitat de l'home i la dona per contreure matrimoni s'aconsegueix amb la majoria d'edat.

d) La Constitució delega en la Llei la concreció dels drets i deures dels cònjuges.

46. Del dret d'asil a Espanya:

a) Només podran gaudir els ciutadans d'altres països.

b) Només podran gaudir els apàtrides.

c) En podran gaudir els ciutadans espanyols perseguits en altres països.

d) En gaudirà els seus beneficiaris en els termes establerts en la Llei.

47. Els espanyols són majors d'edat...:

a) Als vint-i-un anys.

b) Als setze anys.

c) Quan s'emancipen, amb independència de la seva edat.

d) Als divuit anys.

48. Segons la Constitució de 1978, quines associacions estan prohibides?

a) Les associacions paramilitars i les secretes.

b) Les associacions secretes i les il·legals.

c) Les associacions paramilitars, les il·legals i les secretes.

d) Les associacions il·legals i les paramilitars.

49. Pot l'Administració civil imposar sancions que impliquin privació de llibertat?

a) No, ni de forma directa ni de forma indirecta o subsidiària.

b) No de forma directa, però si de forma subsidiària.

c) Només de forma directa.

d) Sí, tant de forma indirecta com directa.

50. El dret a participar en els assumptes públics...:

a) Podrà correspondre als ciutadans estrangers, tant per al sufragi actiu com per al passiu en les eleccions municipals.

b) Només correspon als ciutadans espanyols.

c) Podrà correspondre als ciutadans estrangers, però només per al dret de sufragi actiu en les eleccions municipals.

d) Mai podrà correspondre als estrangers.

51. Quin dels següents drets podrà ser suspès en cas de què s'acordi la declaració de l'estat d'excepció o de setge?

a) Dret de vaga.

b) Dret de petició col·lectiva.

c) Dret a obtenir la tutela efectiva de Jutges i Tribunals.

d) Dret de creació de centres docents.

52. Es concedirà l'extradició...:

a) Sobre la base de la comissió de qualsevol tipus de delicte.

b) Sobre la base de la comissió de delictes de terrorisme.

c) Sobre la base de la comissió de delictes i infraccions administratives molt greus.

d) Sobre la base de la comissió de delictes polítics.

53. Assenyaleu quina de les següents afirmacions NO és correcta:

a) Els espanyols tenen dret a sortir lliurement d'Espanya en els termes que la Llei estableixi.

b) Els espanyols podran veure limitat el seu dret a circular pel territori espanyol per motius polítics.

c) Els espanyols tenen dret a entrar lliurement a Espanya en els termes que la Llei estableixi.

d) Els espanyols tenen dret a elegir lliurement la seva residència.

54. El condemnat a pena de presó que estigués complint condemna...:

a) Gaudirà dels drets fonamentals que reconeix la Constitució de 1978, excepte els que es vegin expressament limitats pel contingut de la sentència condemnatòria, el sentit de la pena i la Llei penitenciària.

b) La Llei penitenciària no conté cap limitació sobre l'exercici dels drets fonamentals pel condemnat que compleix pena privativa de llibertat.

c) Gaudirà dels drets fonamentals que reconeix la Constitució de 1978, excepte del que li permet fixar la seva residència en qualsevol part de l'Estat, i entrar o sortir del mateix lliurement.

d) No gaudirà de cap dels drets fonamentals reconeguts en la Constitució de 1978.

55. Els ciutadans NO tenen dret...:

a) A un procés públic amb totes les garanties.

b) A utilitzar qualsevol mitjà de prova per a la seva defensa.

c) A no declarar contra si mateixos.

d) A la presumpció d'innocència.

56. En quins casos es pot obligar a un ciutadà a declarar sobre la seva ideologia?

a) En cas de ciutadans estrangers.

b) En casos de risc greu de la seguretat ciutadana.

c) En qualsevol cas.

d) En cap cas.

57. Les penes privatives de llibertat...:

a) Podran estar orientades cap a la reeducació.

b) Estaran orientades cap a la reeducació i la reinserció social, al contrari del que succeeix amb les mesures de seguretat.

c) No podran consistir en treballs forçats.

d) En alguns casos hauran de dirigir-se a la consecució de la reinserció social.

58. El dret de vaga reconegut constitucionalment en favor dels treballadors per a la defensa dels seus interessos...:

a) Es farà compatible el seu exercici amb la possible vulneració dels drets dels empresaris.

b) Manca de limitació.

c) Es farà compatible el seu exercici amb el manteniment dels serveis essencials de la comunitat, en tot cas.

d) Només cal que el seu exercici sigui compatible amb el manteniment dels serveis mínims de la comunitat, quan la vaga afecta a l'educació, al transport, a la sanitat i a la seguretat ciutadana.

59. El ciutadà NO té dret...:

a) A un procés públic sense dilacions indegudes.

b) A la defensa i assistència d'Advocat.

c) A ser informat de l'acusació formulada contra ell.

d) A un Jutge especial predeterminat per la Llei.

60. El principi de legalitat regulat en l'art. 25.1 de la Constitució de 1978 implica que...:

a) Tots els ciutadans i els poders públics estan sotmesos a l'imperi de la Llei.

b) Podrà ser sancionada una persona per la comissió d'una infracció administrativa, encara que no constitueixi conducta sancionable en el moment de produir-se.

c) Ningú podrà ser condemnat o sancionat per accions o omissions que en el moment de produir-se no constitueixin delicte segons la legislació vigent en aquell moment.

d) Podrà ser sancionada una persona per la comissió d'una falta, encara que no constitueixi infracció penal en el moment de produir-se, sempre que sí ho sigui en dictar-se sentència.

61. El procediment que s'empra per posar immediatament en llibertat a una persona detinguda il·legalment es denomina...:

a) Procediment d'Extradició Passiva.
b) Procediment d'Excarceració Urgent.
c) Procediment d'Habeas Corpus.
d) Procediment d'Extradició Activa.

62. Com s'adquireix, es conserva i es perd la nacionalitat espanyola?

a) D'acord amb la Constitució.
b) D'acord amb la llei.
c) D'acord amb les normes internacionals.
d) D'acord amb els Tractats internacionals.

63. Quin tipus de llei és necessària per regular el desenvolupament de l'article 21 de la Constitució espanyola de 1978?

a) Llei marc.
b) Llei ordinària.
c) Llei de bases.
d) Llei orgànica.

64. En quins casos es pot procedir a l'entrada en un domicili particular?

a) En cas d'autorització del titular, resolució judicial o flagrant delicte.
b) En cas de delicte flagrant o resolució judicial exclusivament.
c) En cas d'autorització del titular o resolució judicial exclusivament.
d) En cas de resolució judicial exclusivament.

65. L'educació tindrà per objecte...:

a) El ple desenvolupament de la personalitat humana en el respecte als principis democràtics de convivència, i als drets i a les llibertats fonamentals.
b) El ple desenvolupament de la personalitat humana conforme als plans educatius aprovats pel Consell Escolar de l'Estat a instància de les Associacions Nacionals de Famílies de l'Alumnat.
c) El ple desenvolupament de la personalitat humana en el respecte dels principis democràtics marcats per cada col·lectiu educatiu.
d) El desenvolupament de la personalitat humana conforme a les línies educatives marcades pel Consell Escolar de l'Estat.

66. La durada de l'empresonament provisional...:

a) Compta amb un termini màxim, regulat en la Llei d'Enjudiciament Criminal.
b) Depèn del criteri judicial, sense que tingui cap limitació.

c) No podrà ser superior a la meitat de la durada de la possible pena a imposar al pres preventiu.

d) No podrà ser superior a un any.

67. La pena de mort...:

a) Va ser abolida per la Constitució de 1978, romanent vigent només en temps de guerra.

b) Va ser abolida per la Constitució de 1978, podent només imposar-se als condemnats com a autors de delictes contra la vida del cap de l'Estat.

c) Va ser abolida per la Constitució de 1978, havent estat també suprimida com a pena a imposar en temps de guerra.

d) Va ser abolida per la Constitució de 1978, excepte el que poguessin disposar les lleis per castigar delictes de terrorisme.

68. Els poders públics garanteixen el dret que assisteix als pares perquè els seus fills:

a) No rebin cap formació moral o religiosa.

b) Rebin la formació religiosa i moral determinada per aquests poders públics.

c) Rebin la formació religiosa i moral que estigui d'acord amb les seves pròpies conviccions.

d) Rebin formació religiosa i moral.

69. Si un espanyol es naturalitza com a ciutadà d'un país amb el qual Espanya tingui subscrit un tractat de doble nacionalitat...:

a) Perd en tot cas la seva nacionalitat espanyola d'origen.

b) Només perd la seva nacionalitat espanyola d'origen si el país afectat no reconeix als seus ciutadans un dret recíproc.

c) Perd la nacionalitat d'origen en els casos previstos en la Constitució i en les Lleis.

d) No perd la nacionalitat d'origen en cap cas.

70. L'Estat podrà concertar tractats de doble nacionalitat:

a) Amb els països del continent europeu.

b) Amb els països del continent americà.

c) Amb els països amb els quals hagi mantingut una vinculació particular.

d) Amb qualsevol país del món, sobre la base del que s'acordi en els tractats o acords internacionals a aquest efecte.

71. El secret de les comunicacions:

a) No cobreix les efectuades a través de l'espai radioelèctric mitjançant telefonia mòbil.

b) Es troba protegit per l'art. 18.2 de la Constitució de 1978.

c) Només pot ser vulnerat mitjançant resolució judicial.

d) Afecta exclusivament a les comunicacions postals, telegràfiques i telefòniques.

72. NO tindrà dret el condemnat que estigués complint pena privativa de llibertat...:

a) A un treball remunerat proporcionat per l'Estat quan sigui posat en llibertat.
b) A un treball remunerat.
c) Als beneficis corresponents de la Seguretat Social.
d) A l'accés a la cultura.

73. Un dels següents drets no es troba regulat en l'art. 20 de la Constitució espanyola...:

a) El dret a expressar i difondre lliurement els pensaments.
b) El dret de les persones físiques i jurídiques a crear centres docents.
c) El dret a rebre lliurement informació veraç.
d) El dret a la llibertat de càtedra.

74. Privar a una persona dels seus béns i drets:

a) No podrà realitzar-se tal privació sinó en virtut de sentència ferma.
b) Podrà realitzar-se exclusivament amb el consentiment del propietari dels béns o titular dels drets, o dels seus hereus.
c) No és un acte que vingui acompanyat de l'abonament d'una indemnització.
d) Podrà efectuar-se per causa d'utilitat pública o interès social.

75. El dret de petició:

a) Podrà ser exercit en determinats casos de forma individual.
b) No podrà ser exercit col·lectivament.
c) Està reconegut en benefici dels espanyols en l'art. 30 de la Constitució.
d) Sempre haurà de ser exercit per escrit.

76. Pel que fa a la nacionalitat dels espanyols, assenyaleu l'alternativa de resposta correcta:

a) Mai podrà ser privat d'ella cap espanyol que la tingui atorgada per carta de naturalesa.
b) Mai podrà ser privat d'ella cap espanyol d'origen.
c) Mai podrà ser privat d'ella qui l'hagi adquirit per residència.
d) Podrà ser privat d'ella qualsevol espanyol.

77. Assenyaleu quina de les següents afirmacions NO és correcta:

a) Els poders públics garanteixen i protegeixen l'exercici de la llibertat d'empresa.
b) Els poders públics defensen la productivitat.
c) La defensa de la productivitat s'efectuarà d'acord amb les exigències de l'economia general.
d) Es reconeix la llibertat d'empresa en el marc de l'economia de mercat mitigada pel fi social de la propietat privada.

78. L'ensenyament...:

a) Universitari és gratuït.
b) Bàsic és obligatori i gratuït.
c) Primari és potestatiu.
d) Mitjà és gratuït.

79. Quins articles formen la secció anomenada «Drets fonamentals i llibertats públiques»?

a) Els articles del 15 al 30 ambdós inclusivament.
b) Els articles del 14 al 29 ambdós inclusivament.
c) Els articles del 14 al 30 ambdós inclusivament.
d) Els articles del 15 al 29 ambdós inclusivament.

80. En el marc de la Constitució espanyola de 1978 (CE), Catalunya accedia a l'autonomia pel procediment establert al seu article 151.2, mitjançant l'aprovació de...:

a) L'Estatut d'autonomia de 1932.
b) L'Estatut d'autonomia de 1979.
c) L'Estatut de Núria.
d) L'Estatut de Miravet.

81. El 30 de setembre de 2005...

a) El text de la proposta de reforma fou aprovat pel Ple del Parlament de Catalunya.
b) El Consell de Garanties Estatutàries es va pronunciar sobre la constitucionalitat de la proposta.
c) El Ple del Congrés aprova la proposta.
d) Entra en vigor la Llei orgànica 6/2006, de 19 de juliol.

82. El referèndum amb què va finalitzar el procés de reforma estatutari va tenir lloc...

a) El 10 de maig de 2006.
b) El 18 de juny de 2006.
c) El 19 de juliol de 2006.
d) El 9 d'agost de 2006.

83. El principi en base al qual són els mateixos interessats, identificats com a nacionalitats i regions, els que decideixen exercir el dret a l'autonomia i la configuració concreta que tindrà la respectiva comunitat autònoma es denomina...:

a) Principi d'autonomia.
b) Principi d'unitat.
c) Principi dispositiu.
d) Principi d'autogovern.

84. Sobre la naturalesa jurídica de l'EAC, assenyaleu l'alternativa de resposta IN-CORRECTA...:

a) L'EAC és la llei primera i fonamental de l'ordenament jurídic català.

b) L'EAC és la norma institucional bàsica de la Comunitat Autònoma de Catalunya.

c) Es tracta de la norma que, com a expressió del dret a l'autonomia, constitueix la comunitat autònoma, funda el seu ordenament jurídic propi i estableix l'organització institucional i els poders que li corresponen, en el marc de la Constitució.

d) És una llei orgànica autonòmica.

85. Quina institució té competència per aprovar l'Estatut d'Autonomia de Catalunya?

a) El Parlament de Catalunya.

b) El Congrés dels Diputats.

c) Les Corts Generals.

d) La Presidència de la Generalitat de Catalunya.

86. Quin dels següents elements NO forma part del contingut essencial de l'Estatut?

a) La denominació de la comunitat autònoma que s'ajusti millor a la seva identitat històrica.

b) El sistema de finançament de la comunitat autònoma.

c) La denominació, l'organització i la seu de les institucions autònomes pròpies.

d) Les competències assumides dins del marc establert per la Constitució i les bases per al traspàs dels serveis corresponents.

87. Quin dels següents títols s'integra dins la part dogmàtica de l'EAC?

a) Títol Preliminar.

b) Títol segon: "De les institucions".

c) Títol quart: "De les competències".

d) Títol setè: "De la reforma de l'Estatut".

88. L'articulat de l'EAC s'ordena en...:

a) Títols.

b) Títols, capítols i seccions.

c) Títols, capítols i disposicions.

d) Preàmbul i Títols.

89. El Títol preliminar de l'EAC defineix Catalunya com a...:

a) Nació.

b) Regió.

c) Comunitat Autònoma.

d) Nacionalitat.

90. El sistema institucional en què s'organitza políticament l'autogovern de Catalunya és...:

a) El Parlament de Catalunya i la Presidència de la Generalitat.
b) El Govern de la Generalitat.
c) Els ens locals (municipis, vegueries i comarques).
d) La Generalitat.

91. Es reconeix la condició política de catalans o ciutadans de Catalunya...:

a) Als ciutadans que tenen veïnatge administratiu a Catalunya, així com als espanyols residents a l'estranger que han tingut darrerament aquest veïnatge i ho sol·licitin.
b) Als ciutadans espanyols que tenen veïnatge administratiu a Catalunya, així com als espanyols residents a l'estranger que han tingut darrerament aquest veïnatge i ho sol·licitin.
c) Als ciutadans que tenen veïnatge civil a Catalunya, així com als espanyols residents a l'estranger que han tingut darrerament aquest veïnatge i ho sol·licitin.
d) Als ciutadans espanyols que tenen veïnatge civil a Catalunya, així com als espanyols residents a l'estranger que han tingut darrerament aquest veïnatge i ho sol·licitin.

92. El català és la llengua...:

a) D'ús normal i preferent de les administracions públiques i els mitjans de comunicació públics de Catalunya i la llengua normalment emprada en l'ensenyament.
b) D'ús normal de les administracions públiques i els mitjans de comunicació públics de Catalunya i la llengua normalment emprada com a vehicular i d'aprenentatge en l'ensenyament.
c) Pròpia de Catalunya, juntament amb la llengua castellana.
d) Habitual a Catalunya.

93. Els símbols nacionals de Catalunya són (assenyaleu l'alternativa de resposta INCORRECTA):

a) La bandera tradicional quadribarrada.
b) La Diada de l'Onze de Setembre.
c) L'Himne Els Segadors.
d) Cap de les respostes anteriors és correcta.

94. D'acord amb l'Estatut d'Autonomia, Catalunya té:

a) Una llengua pròpia en tot el territori, el català, i tres llengües oficials, el català, el castellà i l'occità (denominat aranès a l'Aran).
b) Dues llengües pròpies en tot el territori, el català i l'occità (denominat aranès a l'Aran), i dues llengües oficials, el català i el castellà.
c) Dues llengües pròpies en tot el territori, el català i l'occità (denominat aranès a l'Aran), i tres llengües oficials, el català, el castellà i l'occità (denominat aranès a l'Aran).
d) Una llengua pròpia, el català, i dues llengües oficials, el català i el castellà.

95. En l'EAC, el Capítol VI: "El Govern local", s'insereix dins el Títol...

a) Primer: "Dels drets, deures i principis rectors".
b) Segon: "De les institucions".
c) Tercer: "Del poder judicial a Catalunya".
d) Cinquè: "De les relacions institucionals de la Generalitat".

96. L'EAC conté...:

a) 15 disposicions addicionals.
b) 9 disposicions transitòries.
c) 2 disposicions derogatòries.
d) 1 disposició final.

97. Els drets, els deures i els principis rectors de l'EAC tenen la consideració de...:

a) Drets fonamentals.
b) Drets constitucionals.
c) Drets estatutaris.
d) Drets no fonamentals.

98. Dins el títol primer de l'EAC, els principis rectors es troben recollits...:

a) En el Capítol I.
b) En el Capítol II.
c) En el Capítol IV.
d) En el Capítol V.

99. La Carta dels drets i deures de la ciutadania de Catalunya, l'ha d'aprovar...:

a) El Govern, per llei.
b) El president o presidenta de la Generalitat, per decret.
c) El Parlament, per llei.
d) El Govern, per decret.

100. Quina de les següents disposicions contingudes al Títol Preliminar de l'Estatut d'Autonomia de Catalunya és CORRECTA?

a) Catalunya, com a nació, exerceix el seu autogovern constituïda en comunitat autònoma d'acord amb la Constitució i amb l'Estatut, que és la seva norma institucional bàsica.
b) La Generalitat és el sistema institucional en què s'organitza judicialment l'autogovern de Catalunya.
c) Els poders de la Generalitat emanen del poble de Catalunya i s'exerceixen d'acord amb el que estableixen l'Estatut i la Constitució.
d) Les llengües pròpies de Catalunya són el català i el castellà.

101. El projecte de reforma de l'Estatut va ser aprovat a Catalunya per referèndum popular el dia...:

a) 18 de juny de 2006.
b) 10 de maig de 2006.
c) 19 de juliol de 2006.
d) 20 de juliol de 2006.

102. Sobre els drets i deures lingüístics, indiqueu l'alternativa de resposta INCORRECTA:

a) Els actes jurídics fets en qualsevol de les dues llengües oficials tenen, pel que fa a la llengua, validesa i eficàcia plenes.
b) Els ciutadans tenen el dret d'opció lingüística.
c) Totes les persones, en les relacions amb l'Administració de justícia, el Ministeri Fiscal, el notariat i els registres públics, tenen dret a utilitzar la llengua oficial que elegeixin en totes les actuacions judicials, notarials i registrals, i a rebre tota la documentació oficial emesa a Catalunya en la llengua sol·licitada, sense que puguin patir indefensió ni dilacions indegudes a causa de la llengua emprada, ni se'ls pugui exigir cap mena de traducció.
d) Per a garantir el dret d'opció lingüística, l'Administració de l'Estat situada a Catalunya podrà d'acreditar, si s'escau, que el personal al seu servei té un nivell de coneixement adequat i suficient de les dues llengües oficials.

103. Els drets que reconeixen els capítols I, II i III del Títol I de l'Estatut...:

a) Informen l'actuació de tots els poders públics.
b) Vinculen tots els poders públics.
c) S'hauran de desenvolupar legislativament per les Corts Generals.
d) Totes les respostes anteriors són correctes.

104. La Carta dels drets i els deures dels ciutadans de Catalunya s'ha d'aprovar...:

a) Per llei orgànica de les Corts Generals.
b) Per llei ordinària de les Corts Generals.
c) Per resolució del Congrés.
d) Per llei del Parlament de Catalunya.

105. Qui tutelarà els drets que reconeixen els capítols I, II i III del Títol I de l'Estatut i la Carta dels drets i els deures dels ciutadans de Catalunya?

a) La Comissió Jurídica Assessora.
b) El Consell d'Estat.
c) El Consell Econòmic i Social.
d) El Consell de Garanties Estatutàries.

106. Sobre els principis rectors de l'Estatut, quin dels següents enunciats és CORRECTE?

a) Els poders públics de l'Estat han d'orientar les polítiques públiques d'acord amb els principis rectors que estableixen la Constitució i l'Estatut.

b) El reconeixement, el respecte i la protecció dels principis rectors informen la legislació positiva, la pràctica judicial i l'actuació dels poders públics.

c) Els principis rectors no són exigibles davant la jurisdicció.

d) El reconeixement, el respecte i la protecció dels principis rectors vinculen la pràctica judicial i l'actuació dels poders públics.

107. La Generalitat...:

a) És integrada pel Parlament, la Presidència de la Generalitat, el Consell Executiu i les institucions de rellevància estatutària.

b) És integrada pel Parlament, la Presidència de la Generalitat, i el Govern.

c) És integrada pel Parlament, la Presidència de la Generalitat, el Govern i les institucions de rellevància estatutària.

d) És integrada pel Parlament i les institucions de rellevància estatutària.

108. Els municipis, les vegueries, les comarques i els altres ens locals que les lleis determinin integren també el sistema institucional de la Generalitat,...:

a) Com a ens en els quals aquesta s'organitza territorialment.

b) Com a ens en els quals aquesta s'organitza funcionalment.

c) Com a ens en els quals aquesta s'organitza corporativament.

d) Com a ens de naturalesa privada.

109. Els poders públics de Catalunya han de promoure els valors de la...(assenyaleu l'opció INCORRECTA):

a) Llibertat.

b) Democràcia.

c) Pau.

d) Desenvolupament econòmic.

110. D'acord amb l'article 110 de l'Estatut d'Autonomia de Catalunya, correspon a la Generalitat, en l'àmbit de les seves competències exclusives, i de manera íntegra:

a) La potestat legislativa, la potestat reglamentària i la funció executiva.

b) Únicament la potestat reglamentària i la funció executiva.

c) La potestat legislativa, la potestat reglamentària i la funció executiva, en el marc de les bases que fixi l'Estat com a principis o mínim comú normatiu en normes amb rang de llei.

d) Exclusivament la potestat legislativa i la potestat reglamentària.

111. L'Estatut d'Autonomia de Catalunya és...:

a) Una llei ordinària que forma part de l'ordenament jurídic de l'Estat.
b) Una llei ordinària que no forma part de l'ordenament jurídic de l'Estat.
c) Una llei orgànica que no forma part de l'ordenament jurídic de l'Estat.
d) Una llei orgànica que forma part de l'ordenament jurídic de l'Estat.

112. L'actual Estatut d'Autonomia de Catalunya...:

a) És de l'any 1979.
b) Va ser aprovat pel Parlament de Catalunya l'any 2006.
c) Encara no ha entrat en vigor, ja que està pendent de sentència del Tribunal Constitucional.
d) Ha estat anul·lat per sentència del Tribunal Constitucional.

113. Quina d'aquestes matèries no cal que consti en un estatut d'autonomia, d'acord amb l'article 147 de la Constitució espanyola?

a) Organització administrativa.
b) Delimitació del territori de la comunitat autònoma.
c) Competències assumides.
d) Denominació de la comunitat autònoma.

114. D'acord amb l'Estatut d'Autonomia de Catalunya, quins òrgans tutelen els drets de la ciutadania recollits a l'Estatut?

a) El Consell de Garanties Estatutàries i el Tribunal Superior de Justícia de Catalunya.
b) El Tribunal Superior de Justícia de Catalunya i el Tribunal Constitucional.
c) El Consell de Garanties Estatutàries i la Sindicatura de Comptes.
d) La Comissió Jurídica Assessora i el Tribunal Superior de Justícia de Catalunya.

115. L'Estatut d'Autonomia de Catalunya és una llei...:

a) Orgànica.
b) Orgànica però no sotmesa a cap norma estatal.
c) Ordinària però sotmesa a un règim de votació qualificada.
d) Marc.

116. Quina d'aquestes matèries és competència exclusiva de la Generalitat?

a) Treball i relacions laborals.
b) Primer acolliment de les persones immigrades, que inclou les actuacions sociosanitàries i d'orientació.
c) Medi ambient.
d) Ordenació sobre el sector pesquer.

117. Quin article de l'Estatut d'autonomia de Catalunya de 1979 s'ha emprat per engegar el procediment de reforma de 2006?

a) El 56.
b) El 57.
c) El 222.
d) El 223.

118. La reforma del títol II de l'Estatut d'Autonomia de Catalunya, requereix...:

a) Seguir un procediment més complex de reforma regulat a l'art. 223 de l'EAC.
b) Seguir un procediment més simplificat de reforma, en tant no afecta les relacions amb l'Estat, regulat a l'art. 222 de l'EAC.
c) Seguir un procediment més complex de reforma regulat a l'art. 222 de l'EAC.
d) Seguir un procediment més simplificat de reforma, en tant no afecta les relacions amb l'Estat, regulat a l'art. 223 de l'EAC.

119. L'aprovació d'una reforma estatutària en seu autonòmica exigeix...:

a) 2/3 parts del Congrés.
b) 3/5 parts del Parlament.
c) Majoria absoluta de les Corts Generals.
d) 2/3 parts del Parlament.

120. Pel que fa a la iniciativa del procés de reforma, en el marc de l'art. 222, correspon (assenyaleu l'alternativa de resposta INCORRECTA):

a) Al 20% dels ajuntaments catalans que representin almenys el 20% de la població.
b) Als ciutadans amb 300.000 signatures.
c) Al Govern de la Generalitat.
d) A les Corts Generals.

121. En el procediment simplificat de reforma el Parlament remet la reforma a les Corts Generals que, si en el termini de ... no es declaren afectades, la ratifiquen per mitjà de llei orgànica.

a) 15 dies.
b) 20 dies.
c) 30 dies.
d) 1 mes.

122. S'estableix la possibilitat del Parlament de retirar la proposta de reforma, en qualsevol moment de la tramitació a les Corts, per quina majoria?

a) 3/5.
b) 2/3.

c) Simple.
d) Absoluta.

123. Si la proposta de reforma no és aprovada pel Parlament, per les Corts Generals o pel cos electoral, no pot ser novament debatuda fins que hagin transcorregut...:

a) 6 mesos.
b) 1 any.
c) 2 anys.
d) 5 anys.

124. La tipologia de competències de la Generalitat de Catalunya que estableix l'Estatut d'Autonomia de 2006 és...:

a) Exclusives, compartides i executives.
b) Compartides i de desenvolupament.
c) Executives i compartides.
d) Concurrents i executives.

125. El sistema institucional en què s'organitza políticament l'autogovern de Catalunya es denomina...:

a) Parlament i Govern de Catalunya.
b) Generalitat de Catalunya.
c) Administració General de Catalunya.
d) L'Administració de la Generalitat de Catalunya.

126. Quina de les següents entitats deriva de l'autonomia local?

a) El president o presidenta de la Generalitat.
b) Els Departaments.
c) Les vegueries.
d) Les delegacions del Govern.

127. El vincle entre el Parlament i el Govern en la formació del Govern, s'expressa mitjançant...:

a) La moció de censura.
b) La qüestió de confiança.
c) El nomenament del president o presidenta del Govern.
d) La moció d'investidura.

128. El president o presidenta de la Generalitat ha de ser diputat o diputada?

a) Sí, en determinats casos.
b) No, en cap cas.
c) Sí, sempre.
d) Sí, com a regla general.

129. A qui correspon el poder executiu de la Generalitat?

a) Al Govern.
b) Al Parlament.
c) Al president o presidenta de la Generalitat.
d) Les respostes a i c són correctes.

130. El president o presidenta de la Generalitat... (assenyaleu l'alternativa de resposta INCORRECTA):

a) És el cap del Govern.
b) És el representant ordinari de l'Estat a Catalunya.
c) És el representant de l'Administració de l'Estat a Catalunya.
d) És el representant suprem de la Generalitat.

131. Quines funcions correspon al president o presidenta com a representant suprem de la Generalitat?

a) Nomenar i separar els consellers.
b) Establir les directrius generals de l'acció de govern i assegurar-ne la continuïtat.
c) Convocar eleccions al Parlament de Catalunya.
d) Coordinar el programa legislatiu del Govern i l'elaboració de normes de caràcter general.

132. Quines funcions correspon al president o presidenta com a representant ordinari de l'Estat?

a) Signar els convenis i els acords de cooperació amb les comunitats autònomes.
b) Promulgar, en nom del rei, les lleis, els decrets llei, i els decrets legislatius de Catalunya i ordenar-ne la publicació.
c) Nomenar els alts càrrecs de la Generalitat que les lleis determinen.
d) Mantenir les relacions amb les altres institucions de l'Estat i les seves administracions públiques.

133. La facultat d'aprovar normes jurídiques subordinades a la llei es denomina...:

a) Potestat legislativa.
b) Potestat d'autoregulació.
c) Potestat reglamentària.
d) Potestat administrativa.

134. El Govern es compon...:

a) Del president o presidenta de la Generalitat, el conseller primer o consellera primera i els consellers.
b) Del president o presidenta de la Generalitat, el vicepresident o vicepresidenta, el conseller primer o consellera primera i els consellers.

c) Dels diputats i consellers.
d) Del president o presidenta de la Generalitat i els diputats.

135. El president o presidenta de la Generalitat i els consellers, durant llurs mandats, gaudeixen de dues prerrogatives...:

a) Inviolabilitat, immunitat i fur especial.
b) Inviolabilitat i fur especial.
c) Immunitat i fur especial.
d) Inviolabilitat i immunitat.

136. El Govern necessita la delegació prèvia atorgada pel Parlament per aprovar...:

a) Decrets llei.
b) Decrets.
c) Decrets legislatius.
d) Reials decrets.

137. Les unitats en què s'organitza el Govern de la Generalitat es denominen...:

a) Àrees.
b) Regidories.
c) Delegacions.
d) Departaments.

138. Els òrgans consultius del Govern de la Generalitat són...:

a) La Comissió Jurídica Assessora i el Consell de Garanties Estatutàries.
b) El Consell de Garanties Estatutàries i la Sindicatura de Comptes.
c) El Síndic de Greuges, el Consell de Garanties Estatutàries, la Sindicatura de Comptes i el Consell de l'Audiovisual de Catalunya.
d) La Comissió Jurídica Assessora i el Consell de Treball, Econòmic i Social.

139. En quins casos dictamina la Comissió Jurídica Assessora?

a) Adequació a la Constitució dels projectes i les proposicions de reforma de l'EAC abans que el Parlament els aprovi.
b) Adequació a la Constitució i a l'EAC dels projectes i les proposicions de llei sotmesos a debat i aprovació del Parlament i dels decrets llei sotmesos a la convalidació del Parlament.
c) L'adequació dels projectes i les proposicions de llei i dels projectes de decret legislatiu aprovats pel Govern a l'autonomia local en els termes que garanteix l'EAC.
d) Cap de les respostes anteriors són correctes.

140. La institució que protegeix i defensa els drets fonamentals i les llibertats públiques de la ciutadania que reconeixen la Constitució i l'EAC es denomina...:

a) Síndic de Greuges.
b) Sindicatura de Queixes.
c) Consell de l'Audiovisual de Catalunya.
d) Consell de Garanties Estatutàries.

141. D'acord amb l'article 23 de la Llei 13/2003, de 5 de novembre, de la presidència de la Generalitat i del Govern, la determinació del nombre, la denominació i l'àmbit de competències dels departaments en què s'organitza el Govern, correspon...:

a) Al president o la presidenta de la Generalitat, per decret.
b) Al Parlament de Catalunya, mitjançant llei.
c) Al Govern de la Generalitat de Catalunya, per decret.
d) Al president o la presidenta de la Generalitat, per acord.

142. La potestat reglamentària és la facultat del Govern per dictar...:

a) Lleis ordinàries.
b) Normes de caràcter general amb rang inferior a la llei.
c) Decrets legislatius.
d) Lleis de desenvolupament bàsic de l'Estatut.

Solució al test n.º 1

1. c) En la indissoluble unitat de la Nació Espanyola.

2. a) La llibertat, la justícia, la igualtat i el pluralisme polític.

3. d) La responsabilitat i la interdicció de l'arbitrarietat dels poders públics.

4. a) Les Corts Generals.

5. b) Defensen la integritat territorial de l'Estat, la qual cosa no és obstacle per-què consentin la independència d'alguna o algunes nacionalitats o regions d'Espa-nya, després de decisió lliurement adoptada a aquest efecte en referèndum d'auto-determinació.

6. c) Es regulen per Llei orgànica, conforme al mandat constitucional.

7. c) L'Exèrcit de Terra, l'Armada i l'Exèrcit de l'Aire.

8. a) Contribueixen juntament amb les associacions d'empresaris a la defensa i pro-moció dels interessos econòmics i socials que li són propis.

9. c) Seran també oficials en les respectives comunitats autònomes d'acord amb els seus Estatuts.

10. b) La Monarquia Parlamentària.

11. b) Resideix al poble.

12. d) El castellà.

13. d) Del poble.

14. d) El dret a l'autonomia.

15. b) És un patrimoni cultural que serà objecte d'especial respecte i protecció.

16. b) Tenen el deure conèixer-lo i el dret d'usar-lo.

17. b) S'utilitzaran juntament amb l'espanyola als seus edificis públics i en els seus actes oficials.

18. a) El principi de jerarquia reglamentària.

19. c) Democràtica.

20. d) Madrid, integrada en la Comunitat Autònoma del mateix nom.

21. d) Siguin reals i efectives.

22. d) Horitzontalment col·locades, sent la groga de doble amplària que cadascuna de les vermelles.

23. a) La seguretat jurídica.

24. b) En un Estat social i democràtic de Dret.

25. c) És lliure, dins del respecte a la Constitució i a la Llei.

26. c) Són instrument fonamental per a la participació política.

27. c) Facilitar la participació dels ciutadans en la vida cultural i social.

28. a) Les disposicions sancionadores no favorables o restrictives de drets individuals.

29. b) La seva estructura interna haurà de ser jeràrquica.

30. b) Estan subjectes tant els ciutadans com els poders públics.

31. a) Serà sotmesa a referèndum per a la seva ratificació.

32. c) Per majoria de dos terços de cada Cambra.

33. c) S'exercirà en els mateixos termes que la iniciativa legislativa.

34. c) Per majoria de dos terços d'ambdues Cambres.

35. d) Hauran de ratificar la decisió de reforma constitucional, i procedir a l'estudi del nou text constitucional.

36. a) El Congrés, per majoria de dos terços, podrà aprovar la reforma, si el text hagués obtingut el vot favorable de la majoria absoluta del Senat.

37. c) Portarà aparellada la dissolució immediata de les Corts Generals.

38. c) Es prohibeixen en l'àmbit de les organitzacions professionals.

39. c) Només podran establir-se de conformitat amb la Llei.

40. c) Podrà ser limitat, o exceptuat, a les Forces Armades.

41. c) La garanteix.

42. b) Cap confessió religiosa té caràcter estatal.

43. c) 72 hores.

44. a) No pot restringir-se mitjançant cap tipus de censura prèvia.

45. c) La Constitució disposa que l'edat i la capacitat de l'home i la dona per contreure matrimoni s'aconsegueix amb la majoria d'edat.

46. d) En gaudirà els seus beneficiaris en els termes establerts en la Llei.

47. d) Als divuit anys.

48. a) Les associacions paramilitars i les secretes.

49. a) No, ni de forma directa ni de forma indirecta o subsidiària.

50. a) Podrà correspondre als ciutadans estrangers, tant per al sufragi actiu com per al passiu en les eleccions municipals.

51. a) Dret de vaga.

52. b) Sobre la base de la comissió de delictes de terrorisme.

53. b) Els espanyols podran veure limitat el seu dret a circular pel territori espanyol per motius polítics.

54. a) Gaudirà dels drets fonamentals que reconeix la Constitució de 1978, excepte els que es vegin expressament limitats pel contingut de la sentència condemnatòria, el sentit de la pena i la Llei penitenciària.

55. b) A utilitzar qualsevol mitjà de prova per a la seva defensa.

56. d) En cap cas.

57. c) No podran consistir en treballs forçats.

58. c) Es farà compatible el seu exercici amb el manteniment dels serveis essencials de la comunitat, en tot cas.

59. d) A un Jutge especial predeterminat per la Llei.

60. c) Ningú podrà ser condemnat o sancionat per accions o omissions que en el moment de produir-se no constitueixin delicte segons la legislació vigent en aquell moment.

61. c) Procediment d'Habeas Corpus.

62. b) D'acord amb la llei.

63. d) Llei orgànica.

64. a) En cas d'autorització del titular, resolució judicial o flagrant delicte.

65. a) El ple desenvolupament de la personalitat humana en el respecte als principis democràtics de convivència, i als drets i a les llibertats fonamentals.

66. a) Compta amb un termini màxim, regulat en la Llei d'Enjudiciament Criminal.

67. c) Va ser abolida per la Constitució de 1978, havent estat també suprimida com a pena a imposar en temps de guerra.

68. c) Rebin la formació religiosa i moral que estigui d'acord amb les seves pròpies conviccions.

69. d) No perd la nacionalitat d'origen en cap cas.

70. c) Amb els països amb els quals hagi mantingut una vinculació particular.

71. c) Només pot ser vulnerat mitjançant resolució judicial.

72. a) A un treball remunerat proporcionat per l'Estat quan sigui posat en llibertat.

73. b) El dret de les persones físiques i jurídiques a crear centres docents.

74. d) Podrà efectuar-se per causa d'utilitat pública o interès social.

75. d) Sempre haurà de ser exercit per escrit.

76. b) Mai podrà ser privat d'ella cap espanyol d'origen.

77. d) Es reconeix la llibertat d'empresa en el marc de l'economia de mercat mitigada pel fi social de la propietat privada.

78. b) Bàsic és obligatori i gratuït.

79. d) Els articles del 15 al 29 ambdós inclusivament.

80. b) L'Estatut d'autonomia de 1979.

81. a) El text de la proposta de reforma fou aprovat pel Ple del Parlament de Catalunya.

82. b) El 18 de juny de 2006.

83. c) Principi dispositiu.

84. d) És una llei orgànica autonòmica.

85. c) Les Corts Generals.

86. b) El sistema de finançament de la comunitat autònoma.

87. a) Títol Preliminar.

88. b) Títols, capítols i seccions.

89. c) Comunitat Autònoma.

90. d) La Generalitat.

91. b) Als ciutadans espanyols que tenen veïnatge administratiu a Catalunya, així com als espanyols residents a l'estranger que han tingut darrerament aquest veïnatge i ho sol·licitin.

92. b) D'ús normal de les administracions públiques i els mitjans de comunicació públics de Catalunya i la llengua normalment emprada com a vehicular i d'aprenentatge en l'ensenyament.

93. d) Cap de les respostes anteriors és correcta.

94. a) Una llengua pròpia en tot el territori, el català, i tres llengües oficials, el català, el castellà i l'occità (denominat aranès a l'Aran).

95. b) Segon: "De les institucions".

96. a) 15 disposicions addicionals.

97. c) Drets estatutaris.

98. d) En el Capítol V.

99. c) El Parlament, per llei.

100. c) Els poders de la Generalitat emanen del poble de Catalunya i s'exerceixen d'acord amb el que estableixen l'Estatut i la Constitució.

101. a) 18 de juny de 2006.

102. d) Per a garantir el dret d'opció lingüística, l'Administració de l'Estat situada a Catalunya podrà d'acreditar, si s'escau, que el personal al seu servei té un nivell de coneixement adequat i suficient de les dues llengües oficials.

103. b) Vinculen tots els poders públics.

104. d) Per llei del Parlament de Catalunya.

105. d) El Consell de Garanties Estatutàries.

106. b) El reconeixement, el respecte i la protecció dels principis rectors informen la legislació positiva, la pràctica judicial i l'actuació dels poders públics.

107. c) És integrada pel Parlament, la Presidència de la Generalitat, el Govern i les institucions de rellevància estatutària.

108. a) Com a ens en els quals aquesta s'organitza territorialment.

109. d) Desenvolupament econòmic.

110. a) La potestat legislativa, la potestat reglamentària i la funció executiva.

111. d) Una llei orgànica que forma part de l'ordenament jurídic de l'Estat.

112. b) Va ser aprovat pel Parlament de Catalunya l'any 2006.

113. a) Organització administrativa.

114. a) El Consell de Garanties Estatutàries i el Tribunal Superior de Justícia de Catalunya.

115. a) Orgànica.

116. b) Primer acolliment de les persones immigrades, que inclou les actuacions sociosanitàries i d'orientació.

117. a) El 56.

118. b) Seguir un procediment més simplificat de reforma, en tant no afecta les relacions amb l'Estat, regulat a l'art. 222 de l'EAC.

119. d) 2/3 parts del Parlament.

120. d) A les Corts Generals.

121. c) 30 dies.

122. d) Absoluta.

123. b) 1 any.

124. a) Exclusives, compartides i executives.

125. b) Generalitat de Catalunya.

126. c) Les vegueries.

127. d) La moció d'investidura.

128. c) Sí, sempre.

129. d) Les respostes a i c són correctes.

130. c) És el representant de l'Administració de l'Estat a Catalunya.

131. c) Convocar eleccions al Parlament de Catalunya.

132. b) Promulgar, en nom del rei, les lleis, els decrets llei, i els decrets legislatius de Catalunya i ordenar-ne la publicació.

133. c) Potestat reglamentària.

134. b) Del president o presidenta de la Generalitat, el vicepresident o vicepresidenta, el conseller primer o consellera primera i els consellers.

135. c) Immunitat i fur especial.

136. c) Decrets legislatius.

137. d) Departaments.

138. d) La Comissió Jurídica Assessora i el Consell de Treball, Econòmic i Social.

139. d) Cap de les respostes anteriors són correctes.

140. a) Síndic de Greuges.

141. a) Al president o la presidenta de la Generalitat, per decret.

142. b) Normes de caràcter general amb rang inferior a la llei.

L'organització de l'Administració de la Generalitat de Catalunya: principis generals i òrgans. Els departaments: estructura i atribucions

1. La llei que determina el règim jurídic i de procediment de les Administracions Públiques de Catalunya és la Llei de:

a) 26 de novembre de 1995.
b) 22 de juliol de 2009.
c) 3 d'agost de 2010.
d) de 22 de juny de 2009.

2. La llei que determina el règim jurídic i de procediment de les Administracions Públiques de Catalunya regula:

a) El procediment d'elaboració de les disposicions reglamentàries en l'àmbit de l'Administració de la Generalitat.
b) El procediment d'elaboració de les lleis i disposicions reglamentàries en l'àmbit de l'Administració de la Generalitat.
c) El procediment d'elaboració de les disposicions reglamentàries en l'àmbit exclusivament de la Presidència de la Generalitat.
d) El procediment d'elaboració de les disposicions reglamentàries i altres normes amb rang de llei en l'àmbit de l'Administració de la Generalitat.

3. La llei que determina el règim jurídic i de procediment de les Administracions Públiques de Catalunya, estableix com a principi rector de l'actuació administrativa el de:

a) Intervenció prioritària.
b) Intervenció proporcionada.
c) Intervenció absoluta.
d) Intervenció mínima.

4. Les entitats creades per llei del Parlament no dependents ni vinculades a l'Administració de la Generalitat:

a) En qualsevol cas estan subjectes al que es disposa per la Llei 26/2010, de 3 d'agost.
b) Només estan subjectes a la Llei 26/2010, de 3 d'agost, quan exerceixin potestats administratives.
c) No estan subjectes al que es disposa per la Llei 26/2010 de 3 d'agost.
d) Estaran subjectes al que es disposa per la Llei 26/2010 de 3 d'agost quan la seva llei de creació així ho disposi.

5. Les entitats de dret privat vinculades o dependents de les Administracions Públiques:

a) Queden subjectes a la Llei 39/2015, d'1 d'octubre, sempre que exercitin potestats administratives.
b) No estan subjectes a la Llei 39/2015, d'1 d'octubre.
c) En tot cas queden subjectes a totes les normes de la Llei 39/2015, d'1 d'octubre.
d) Queden subjectes a la Llei 39/2015, d'1 d'octubre, excepte quan exercitin potestats administratives.

6. Quina de les següents afirmacions és certa?

a) L'àmbit de competències dels departaments o conselleries es determina per decret del Govern de la Generalitat.
b) L'estructura orgànica de cada departament o conselleria s'estableix per decret del president o presidenta de la Generalitat.
c) L'àmbit de competències dels departaments o conselleries es determina per decret del conseller o consellera competent.
d) L'estructura orgànica de cada departament s'estableix per decret del Govern de la Generalitat.

7. Les secretaries generals:

a) Poden existir en cada departament o conselleria.
b) Excepcionalment, existiran en un departament o conselleria.
c) Com a regla general, existiran en cada departament o conselleria.
d) Existiran en cada departament o conselleria.

8. L'Administració de la Generalitat exerceix la potestat d'autoorganització mitjançant els òrgans i dins els límits establerts per:

a) La Constitució, l'Estatut de Catalunya i per la resta de l'ordenament jurídic.
b) L'Estatut d'Autonomia.
c) La Constitució, l'Estatut d'Autonomia i les lleis del Parlament Autonòmic.
d) La Constitució, l'Estatut d'Autonomia i les altres lleis.

9. Dins de cada Departament, la creació, la modificació, els canvis d'adscripció o la supressió d'òrgans actius inferiors al de Secció, correspon:

a) Al secretari o secretària general.
b) Al conseller o consellera.
c) Al director o directora de serveis.
d) Al director o directora general.

10. Resoldre els conflictes d'atribucions entre les autoritats i els òrgans del Departament, és competència de:

a) El/La secretari/ària general.
b) El/La director/a general.
c) El/La conseller/a.
d) El/La director/a de serveis.

11. El conseller primer o consellera primera del Govern:

a) Existeix sempre.
b) Pot existir si així ho decideix el/la president/a de la Generalitat.
c) Pot existir si així ho determina una llei del Parlament Autonòmic.
d) Existirà excepcionalment.

12. La creació i supressió de les direccions generals s'acorda per:

a) Decret del/de la conseller/a.
b) Decret del/de la president/a de la Generalitat.
c) Decret del/de la secretari/ària general.
d) Decret del Govern.

13. En l'Administració Territorial de la Generalitat, són òrgans actius:

a) Els que exerceixen funcions consultives.
b) Els que exerceixen funcions decisòries.
c) Els que elaboren reglaments.
d) Els que elaboren informes, consultes o propostes.

14. En els òrgans territorials o perifèrics de la Generalitat, els delegats i delegades de cada departament tenen el nivell orgànic:

a) Que es determina per llei.
b) De director/a general.
c) De secretari/ària general.
d) Que determini la relació de llocs de treball.

15. Dictar instruccions o circulars pels directors o directores generals:

a) És una manifestació de l'exercici de la potestat reglamentària d'aquests càrrecs.
b) És una manifestació de l'exercici de la potestat reglamentària d'haver estat delegada la mateixa en aquests càrrecs.
c) No és una manifestació de l'exercici de la potestat reglamentària.
d) En determinats casos, com la delegació, és una manifestació de l'exercici de la potestat reglamentària.

16. Les secretaries sectorials:

a) Son creades pel Govern.
b) Han d'existir en cada departament.
c) Depenen del/de la conseller/a en totes les matèries que no li hagin estat assignades.
d) Almenys ha d'existir una en cada departament.

17. Quina de les següents Delegacions del Govern fora de Catalunya NO existeix?

a) Delegació del Govern a Suïssa.
b) Delegació del Govern a la Xina.
c) Delegació del Govern al Nord d'Àfrica.
d) Delegació del Govern als Estats Units i al Canadà.

18. Indiqueu quina de les següents NO és una característica de la descentralització...:

a) No existeix relació jeràrquica entre l'ens descentralitzant i l'ens descentralitzat, l'estat únicament exerceix tutela sobre aquest.
b) És una tècnica administrativa que consisteix en el traspàs de la titularitat i de l'exercici d'una competència que les normes li atribueixin com a pròpia a un òrgan administratiu en un altre òrgan de la mateixa administració pública jeràrquicament dependent.
c) La descentralització reforça el caràcter democràtic d'un Estat i el principi de participació.
d) Es produeix una transferència de competències de l'administració de l'estat a d'altres persones jurídiques públiques dotades de personalitat jurídica pròpia.

19. Indiqueu quina de les següents opcions de resposta defineix la cooperació...:

a) Deure d'actuar amb la resta d'administracions públiques.
b) Treball en comú portat a terme per part d'un grup de persones o entitats cap a un objectiu compartit.
c) Principi estàtic que afavoreix el desenvolupament harmònic de les múltiples interrelacions que es produeixen entre els diferents òrgans de les administracions públiques.
d) Disposar d'un conjunt de coses o accions de forma ordenada, amb la finalitat d'assolir un objectiu comú.

20. Com es denominen les unitats en què s'organitza el Govern de la Generalitat de Catalunya?

a) Comissionats.
b) Direccions Generals.
c) Departaments.
d) Delegacions.

21. El nombre, la denominació i l'àmbit de competències dels departaments en què s'organitza el Govern de la Generalitat es fixa per...:

a) Decret del Govern.
b) Acord del Govern.
c) Decret del president o presidenta.
d) Resolució del president o presidenta.

22. Qui és la segona autoritat de cada departament?

a) El/La secretari/ària del Govern.
b) El/La secretari/ària general.
c) El/La director/a general.
d) El/La conseller/a primer/a.

23. El Govern de la Generalitat de Catalunya s'organitza en...(marqueu l'opció INCORRECTA):

a) Departaments.
b) Comissionats.
c) Àrees funcionals.
d) Delegacions territorials.

24. Indiqueu quin dels següents és un òrgan d'existència preceptiva en el departament:

a) Direcció de serveis.
b) Secretaria sectorial.
c) Secretaria general.
d) Comissionat.

25. Quina denominació reben els òrgans que estenen la competència a una part del territori de Catalunya?

a) Actius.
b) Centrals.
c) Consultius.
d) Perifèrics.

26. El nomenament d'un vicepresident o vicepresidenta del Govern...:

a) No està previst en l'àmbit de l'organització de la Generalitat de Catalunya.
b) Pot coexistir amb el nomenament d'un conseller primer o consellera primera.
c) No pot coexistir amb el nomenament d'un conseller primer o consellera primera.
d) Impedeix ser titular de cap departament.

27. Qui és el cap superior de tot el personal del departament?

a) Conseller/a.
b) Secretari/ària general.
c) Director/a general.
d) Director/a de serveis.

28. Qui és l'alt òrgan consultiu del Govern?

a) El Consell de Treball, Econòmic i Social de Catalunya.
b) El Consell Tècnic.
c) La Secretaria del Govern.
d) La Comissió Jurídica Assessora.

29. Quina de les següents NO és una Delegació Territorial?

a) Madrid.
b) Penedès.
c) Alt Pirineu i Aran.
d) Catalunya Central.

30. D'entre els departaments en què s'organitza el Govern i l'Administració de la Generalitat de Catalunya NO es troba:

a) Drets Socials i Inclusió.
b) Igualtat i Feminisme.
c) Polítiques Digitals i Administració Pública.
d) Justícia i Qualitat Democràtica.

Solució al test n.º 2

1. c) 3 d'agost de 2010.

2. a) El procediment d'elaboració de les disposicions reglamentàries en l'àmbit de l'Administració de la Generalitat.

3. d) Intervenció mínima.

4. b) Només estan subjectes a la Llei 26/2010, de 3 d'agost, quan exerceixin potestats administratives.

5. a) Queden subjectes a la Llei 39/2015, d'1 d'octubre, sempre que exercitin potestats administratives.

6. d) L'estructura orgànica de cada departament s'estableix per decret del Govern de la Generalitat.

7. d) Existiran en cada departament o conselleria.

8. a) La Constitució, l'Estatut de Catalunya i per la resta de l'ordenament jurídic.

9. b) Al conseller o consellera.

10. c) El/La conseller/a.

11. b) Pot existir si així ho decideix el/la president/a de la Generalitat.

12. d) Decret del Govern.

13. b) Els que exerceixen funcions decisòries.

14. d) Que determini la relació de llocs de treball.

15. c) No és una manifestació de l'exercici de la potestat reglamentària.

16. a) Son creades pel Govern.

17. b) Delegació del Govern a la Xina.

18. b) És una tècnica administrativa que consisteix en el traspàs de la titularitat i de l'exercici d'una competència que les normes li atribueixin com a pròpia a un òrgan administratiu en un altre òrgan de la mateixa administració pública jeràrquicament dependent.

19. b) Treball en comú portat a terme per part d'un grup de persones o entitats cap a un objectiu compartit.

20. c) Departaments.

21. c) Decret del president o presidenta.

22. b) El/La secretari/ària general.

23. c) Àrees funcionals.

24. c) Secretaria general.

25. d) Perifèrics.

26. c) No pot coexistir amb el nomenament d'un conseller primer o consellera primera.

27. b) Secretari/ària general.

28. d) La Comissió Jurídica Assessora.

29. a) Madrid.

30. c) Polítiques Digitals i Administració Pública.

Bon govern i transparència: concepte i principis. L'Administració pública: concepte i principis. El ciutadà i ciutadana com a titular de drets davant l'Administració: dret a la no discriminació i a una atenció adequada, drets lingüístics i dret d'accés als serveis i la informació pública. Drets relatius als mitjans electrònics

1. La Llei 19/2014, del 29 de desembre, defineix la transparència en els termes següents:

a) La informació elaborada per l'Administració i la que aquesta té en el seu poder com a conseqüència de la seva activitat o de l'exercici de les seves funcions, inclosa la que li subministren els altres subjectes obligats d'acord amb el que estableix la Llei 19/2014, del 29 de desembre.

b) Els principis, les obligacions i les regles sobre la qualitat dels serveis i el funcionament de l'Administració, i els principis ètics i les bones pràctiques d'acord amb els quals han d'actuar els alts càrrecs de l'Administració, els càrrecs directius i la resta de personal al servei de l'Administració, amb l'objectiu que aquesta funcioni amb la màxima transparència, qualitat i equitat, i amb garantia de retiment de comptes.

c) L'acció proactiva de l'Administració de donar a conèixer la informació relativa als seus àmbits d'actuació i les seves obligacions, amb caràcter permanent i actualitzat, de la manera que resulti més comprensible per a les persones i per mitjà dels instruments de difusió que els permetin un accés ampli i fàcil a les dades i els facilitin la participació en els assumptes públics.

d) Les persones físiques o jurídiques de caràcter privat que fan actuacions de participació activa en polítiques públiques o en processos de presa de decisions a Catalunya amb la finalitat d'influir en l'orientació d'aquestes polítiques en defensa d'un interès propi o de tercers, o d'un interès general.

2. L'instrument bàsic i general de gestió de documents públics per donar compliment i efectivitat a les obligacions de transparència establertes per la Llei 19/2014, del 29 de desembre, i en les seus electròniques o llocs web corresponents es denomina:

a) Portal Obert.
b) Seu electrònica.

c) Portal de la Transparència.
d) Seu oberta.

3. Per a fer efectiu el principi de transparència, els subjectes obligats han de facilitar la consulta de la informació amb l'ús de mitjans informàtics en formats fàcilment comprensibles i que permetin:

a) La usabilitat i la reutilització.
b) La seguretat i la transmissibilitat.
c) La interoperabilitat i la reutilització.
d) La transmissibilitat i la usabilitat.

4. Es consideren cartes de serveis...:

a) Els documents que es limiten a fer publicitat dels serveis oferts.
b) Els documents que permeten a les institucions informar públicament la ciutadania sobre els serveis que ofereixen i els compromisos de qualitat que adquireixen a l'hora de prestar aquests serveis.
c) El documents que, a l'hora d'establir compromisos de serveis, ignoren les expectatives de la ciutadania.
d) Totes les respostes anteriors són correctes.

5. Marqueu l'opció que NO es correspon amb el concepte de bon govern:

a) És un concepte extens que es desprèn del concepte d'ètica pública.
b) Es pot definir com els principis, les obligacions i les regles sobre la qualitat dels serveis i el funcionament de l'Administració, d'acord amb els quals han d'actuar els alts càrrecs de l'Administració, els càrrecs directius i la resta de personal al servei de l'Administració, amb l'objectiu que aquesta funcioni amb la màxima transparència, qualitat i equitat, i amb garantia de retiment de comptes.
c) Inclou les mesures per a establir una relació i un diàleg permanents i bidireccionals entre l'Administració i les persones a l'hora de definir i aplicar les polítiques públiques, i per a introduir i desenvolupar instruments de participació i col·laboració ciutadana en els assumptes públics.
d) Es pot definir com els principis ètics i les bones pràctiques, d'acord amb els quals han d'actuar els alts càrrecs de l'Administració, els càrrecs directius i la resta de personal al servei de l'Administració, amb l'objectiu que aquesta funcioni amb la màxima transparència, qualitat i equitat, i amb garantia de retiment de comptes.

6. Indiqueu quin dels següents NO es considera un eix fonamental de tota acció política segons la Llei 19/2014, del 29 de desembre...:

a) Qualitat i equitat.
b) Accés a la informació pública.
c) Normes de bon govern.
d) Transparència.

7. Marqueu quin dels següents és un principi d'actuació per a les persones compreses en l'àmbit d'aplicació del Títol II de la Llei 19/2013, de 9 de desembre...:

a) Actuar amb transparència en la gestió dels assumptes públics, d'acord amb els principis d'eficàcia, economia i eficiència i amb l'objectiu de satisfer l'interès general.

b) Assumir la responsabilitat de les decisions i actuacions pròpies i dels organismes que dirigeixen, sense perjudici d'unes altres que fossin exigibles legalment.

c) Respectar el principi d'imparcialitat, de manera que mantinguin un criteri independent i aliè a tot interès particular.

d) No implicar-se en situacions, activitats o interessos incompatibles amb les seves funcions i abstenir-se d'intervenir en els assumptes en què concorri alguna causa que pugui afectar a la seva objectivitat.

8. Marqueu quin dels següents és un principi general d'adequació de la seva activitat, per a les persones compreses en l'àmbit d'aplicació del Títol II de la Llei 19/2013, de 9 de desembre...:

a) Exercir la seva activitat amb plena dedicació i amb ple respecte a la normativa reguladora de les incompatibilitats i els conflictes d'interessos.

b) Exercir les seves funcions amb dedicació al servei públic, abstenint-se de qualsevol conducta que sigui contrària a aquests principis.

c) Posar en coneixement dels òrgans competents qualsevol actuació irregular de la qual tinguin coneixement.

d) No acceptar per a si regals que superin els usos habituals, socials o de cortesia, ni favors o serveis en condicions avantatjoses que puguin condicionar el desenvolupament de les seves funcions.

9. L'art. 55 de la Llei 19/2014, del 29 de desembre, disposa que els alts càrrecs de l'Administració de la Generalitat, de l'Administració local i dels altres organismes i institucions públiques del sector públic de Catalunya, han d'actuar d'acord amb els principis ètics i les regles de conducta següents (marqueu l'opció INCORRECTA):

a) La imparcialitat en la presa de decisions, amb garantia de les condicions necessàries per a una actuació independent i no condicionada per conflictes d'interessos.

b) L'exercici del càrrec amb dedicació completa o parcial, d'acord amb el que estableix la legislació sobre incompatibilitats.

c) Mantenir la deguda reserva respecte dels fets o informacions coneguts per raó de l'exercici de llurs competències.

d) La bona fe.

10. Per a fer efectiu el principi de transparència, els subjectes obligats han d'adoptar les actuacions següents (marqueu l'opció INCORRECTA):

a) Ordenar telemàticament la informació perquè sigui fàcil i intuïtiva de localitzar.

b) Difondre la informació pública d'interès general d'una manera veraç i objectiva, perquè les persones puguin conèixer l'actuació i el funcionament de l'Administració pública i exercir el control d'aquesta actuació.

c) Facilitar la consulta de la informació amb l'ús de mitjans informàtics en formats fàcilment comprensibles i que permetin la interoperabilitat i la reutilització.

d) Organitzar la informació de manera que sigui fàcilment accessible i comprensible per a les persones i que en faciliti una consulta àgil i ràpida per mitjà d'instruments de cerca dotats de les característiques tècniques que ho garanteixin.

11. El principi de transparència s'ha d'interpretar i aplicar en tots els casos de manera...:

a) Limitada.
b) Excepcional.
c) General.
d) Preferent.

12. Indiqueu quina de les següents definicions descriu el concepte de publicitat activa...:

a) El dret subjectiu que es reconeix a les persones per a sol·licitar i obtenir la informació pública.

b) Els principis, les obligacions i les regles sobre la qualitat dels serveis i el funcionament de l'Administració, i els principis ètics i les bones pràctiques d'acord amb els quals han d'actuar els alts càrrecs de l'Administració, els càrrecs directius i la resta de personal al servei de l'Administració, amb l'objectiu que aquesta funcioni amb la màxima transparència, qualitat i equitat, i amb garantia de retiment de comptes.

c) El deure dels subjectes obligats de fer públics, d'ofici, els continguts d'informació pública que determina el capítol II del títol II de la Llei 19/2014, del 29 de desembre.

d) Les mesures per a establir una relació i un diàleg permanents i bidireccionals entre l'Administració i les persones a l'hora de definir i aplicar les polítiques públiques, i per a introduir i desenvolupar instruments de participació i col·laboració ciutadana en els assumptes públics.

13. L'Administració pública, en aplicació del principi de transparència, ha de fer pública la informació relativa a... (marqueu l'opció INCORRECTA):

a) Les decisions i les actuacions jurídiques.
b) Les convocatòries i l'atorgament de les subvencions i els ajuts públics.
c) La informació geogràfica.
d) La plantilla, la relació de llocs de treball i el règim retributiu.

14. La informació relativa a l'organització institucional i l'estructura administrativa que l'Administració ha de fer pública en aplicació del principi de transparència ha d'incloure...:

a) Les directives, les instruccions, les circulars i les respostes anonimitzades a consultes plantejades que tinguin una incidència especial sobre la interpretació i l'aplicació de les normes.

b) El catàleg dels serveis prestats, les cartes de serveis existents i la informació sobre els resultats de les avaluacions de qualitat i de la incidència social de les polítiques públiques.

c) Els actes administratius, les declaracions responsables i les comunicacions prèvies que puguin tenir incidència sobre el domini públic o la gestió dels serveis públics, i aquells altres en què ho aconsellin raons d'interès públic especial.

d) Els comptes anuals complets preceptius i els informes d'auditoria de comptes i de fiscalització dels òrgans de control extern que els hagin emès.

15. La informació relativa a les decisions i actuacions amb rellevància jurídica que l'Administració ha de fer pública en aplicació del principi de transparència ha d'incloure...:

a) Els procediments normatius en curs d'elaboració, amb la indicació de l'estat de tramitació en què es troben.

b) La relació d'alts càrrecs.

c) Les convocatòries i els resultats dels processos selectius de provisió i promoció del personal.

d) Els acords relatius a la creació, la participació i el funcionament dels ens públics, les societats i fundacions públiques, els consorcis i altres entitats vinculades a l'Administració pública.

16. La informació relativa a la gestió econòmica i pressupostària que l'Administració ha de fer pública en aplicació del principi de transparència ha d'incloure...:

a) Els plans i els programes anuals i pluriennals, de caràcter general o sectorial, que estableixen les directrius estratègiques de les polítiques públiques.

b) El pla territorial general, els plans territorials parcials, els plans directors territorials, els plans territorials sectorials, els plans directors urbanístics, els plans d'ordenació urbanística municipal, el pla d'espais d'interès natural i els altres plans i programes que s'hagin d'elaborar en compliment d'una norma amb rang de llei i els plans que s'han de publicar amb caràcter obligatori.

c) El cost de les campanyes de publicitat institucional, desglossant els diferents conceptes de la campanya i l'import contractat a cada mitjà de comunicació.

d) El catàleg actualitzat de tots els procediments administratius, amb la indicació dels que estan disponibles en format electrònic, el sentit del silenci administratiu i els recursos que es poden interposar amb relació a les resolucions que hi posen fi.

17. En els contractes ...... s'han de fer públiques les condicions i obligacions assumides pels gestors amb relació a la qualitat, l'accés al servei i els requisits de prestació del servei; els drets i els deures dels usuaris; les facultats d'inspecció, control i sanció que pot exercir l'Administració amb relació a la prestació del servei i el procediment per a formular queixes o reclamacions.

a) De serveis i de concessió de serveis.

b) De concessió de serveis i de concessió d'obres.

c) D'obres i de concessió d'obres.

d) De serveis i de subministraments.

18. La transparència en l'àmbit dels contractes subscrits pels subjectes obligats és aplicable a tots els contractes...:

a) Exclosos els patrimonials.
b) Exclosos els menors.
c) Inclosos els patrimonials i els menors.
d) Exclosos els patrimonials i els menors.

19. La informació pública relativa als contractes ha d'incloure (marqueu l'opció INCORRECTA):

a) La informació sobre les licitacions en tràmit, que ha de comprendre com a mínim el tipus de contracte, el seu objecte, el contingut econòmic, els plecs de clàusules administratives i les condicions d'execució.
b) Els acords i criteris interpretatius dels òrgans consultius de contractació.
c) Les modificacions contractuals, les pròrrogues dels contractes, les licitacions anul·lades i les resolucions anticipades.
d) Cap de les respostes anteriors és correcta.

20. La informació relativa a les subvencions i els ajuts públics que els subjectes obligats han de fer pública en aplicació del principi de transparència ha d'incloure les subvencions i els ajuts públics atorgats, amb la indicació de l'import, l'objecte i els beneficiaris. Aquesta informació ha d'incloure les subvencions i els ajuts, ha d'estar actualitzada i ha de fer referència...:

a) Als darrers dos anys.
b) Als darrers tres anys.
c) Als darrers cinc anys.
d) Als darrers nou anys.

21. Indiqueu quin dels següents NO és objecte de la Llei 26/2010, del 3 d'agost...:

a) Regular el procediment administratiu comú a totes les Administracions Públiques, incloent el sancionador i el de reclamació de responsabilitat de les Administracions Públiques.
b) Regular el règim jurídic de les administracions públiques de Catalunya.
c) Regular les especificitats del procediment administratiu de les administracions públiques de Catalunya.
d) Regular el procediment d'elaboració de disposicions reglamentàries en l'àmbit de l'Administració de la Generalitat.

22. De les finalitats de la Llei 26/2010, del 3 d'agost, marqueu l'opció INCORRECTA:

a) Fer efectius els drets reconeguts per la Constitució, l'Estatut d'autonomia i la resta de l'ordenament jurídic, i garantir-ne la plenitud, en les relacions de la ciutadania amb les administracions públiques de Catalunya.
b) Promoure una administració pública àgil, eficaç i eficient, i fer accessibles les seves relacions amb la ciutadania, sempre que s'utilitzin suports electrònics.

c) Millorar l'actuació de les administracions públiques catalanes mitjançant la regulació de mesures de simplificació de tràmits i procediments, per a la reducció de càrregues administratives.

d) Garantir la coordinació administrativa, i també la transparència i l'objectivitat en l'actuació dels òrgans de les administracions públiques.

23. La Llei 26/2010, del 3 d'agost, és aplicable a l'Administració pròpia d'Aran?

a) Només en els preceptes que així ho indiquin expressament.
b) No.
c) Sí, com administració pública de Catalunya.
d) No, només és aplicable la Llei 39/2015, d'1 d'octubre.

24. Als efectes de l'aplicació de la Llei 39/2015, d'1 d'octubre, el sector públic institucional NO s'integra per...:

a) Qualssevol organismes públics vinculats o dependents de les Administracions Públiques.

b) Les entitats de dret privat vinculades o dependents de les Administracions Públiques.

c) Les Universitats.

d) Qualssevol entitats de dret públic vinculats o dependents de les Administracions Públiques.

25. En aplicació de la Llei 39/2015, d'1 d'octubre, NO tenen la consideració d'Administracions Públiques...:

a) Les entitats de dret privat vinculades o dependents de les Administracions Públiques.

b) Les Administracions de les Comunitats Autònomes.

c) Les Entitats que integren l'Administració Local.

d) Qualssevol organismes públics i entitats de dret públic vinculats o dependents de les Administracions Públiques.

26. Les Corporacions de Dret Públic...:

a) Tenen la consideració d'Administracions Públiques.

b) Formen part del sector públic, i per tant, els hi són aplicables els preceptes de la Llei 39/2015, d'1 d'octubre.

c) Es regiran per la seva normativa específica en l'exercici de les funcions públiques que els hagin estat atribuïdes per Llei o delegades per una Administració Pública, i supletòriament per la Llei 39/2015, d'1 d'octubre.

d) Cap de les respostes anteriors és correcta.

27. Indiqueu quin dels següents drets de les persones en les seves relacions amb les administracions públiques NO reconeix la Llei 39/2015, d'1 d'octubre:

a) A ser assistits en l'ús de mitjans electrònics en les seves relacions amb les administracions públiques.

b) A la protecció de dades de caràcter personal, i en particular a la seguretat i confidencialitat de les dades que figurin als fitxers, sistemes i aplicacions de les administracions públiques.

c) A ser tractats amb respecte i deferència per les autoritats i empleats públics, que els han de facilitar l'exercici dels seus drets i el compliment de les seves obligacions.

d) A utilitzar qualsevol de les llengües oficials espanyoles.

28. Les persones físiques, poden escollir en tot moment si es comuniquen amb les administracions públiques per exercir els seus drets i obligacions a través de mitjans electrònics?

a) Sí, així ho reconeix la Llei 39/2015, d'1 d'octubre.

b) No, si estan obligades a relacionar-se a través de mitjans electrònics amb les administracions públiques.

c) No, si estan obligades a relacionar-se a través de mitjans analògics amb les administracions públiques.

d) Sí, així ho reconeix la Llei 26/2010, del 3 d'agost.

29. En tot cas, estan obligats a relacionar-se a través de mitjans electrònics amb les administracions públiques per efectuar qualsevol tràmit d'un procediment administratiu... (marqueu l'opció INCORRECTA):

a) Les persones físiques.

b) Els notaris i registradors de la propietat i mercantils.

c) Els empleats de les administracions públiques per als tràmits i actuacions que efectuïn amb elles per raó de la seva condició d'empleat públic.

d) Les entitats sense personalitat jurídica.

30. El dret dels ciutadans a una bona administració inclou...:

a) El dret a participar en la presa de decisions i, especialment, el dret d'audiència i el dret a presentar al·legacions en la fase d'instrucció del procediment administratiu, d'acord amb el que estableix la normativa aplicable.

b) El dret que les decisions de les administracions públiques estiguin motivades, amb una referència succinta als fets i als fonaments jurídics, amb la identificació de les normes aplicables i amb la indicació del règim de recursos que escaigui.

c) El dret a obtenir una resolució, ja sigui expressa, tàcita o presumpta.

d) El dret que l'actuació administrativa sigui proporcional a la finalitat perseguida.

31. Els ciutadans tenen dret a obtenir de les administracions públiques serveis d'atenció, informació i orientació per a l'exercici i la protecció de llurs drets i interessos, en el compliment de llurs deures i obligacions i en la redacció de documents administratius. Aquest dret inclou el dret d'escollir, d'entre els mitjans que en cada moment estiguin disponibles, el que els ciutadans volen fer servir per a rebre els serveis d'atenció, informació i orientació, que poden ésser ... (marqueu l'opció INCORRECTA):

a) L'assistència a oficines presencials.
b) L'atenció telefònica, en la mesura que els criteris de seguretat ho permetin.
c) Els mitjans electrònics.
d) Qualsevol altre mitjà que sigui tècnicament possible.

32. En el dret a uns serveis públics de qualitat, NO s'inclou...:

a) Accedir en condicions d'igualtat als serveis públics.
b) Plantejar els suggeriments i les queixes relatives al funcionament de l'activitat administrativa.
c) Ésser atesos amb el respecte i la consideració que mereix llur dignitat, sense discriminació per raó de naixement, sexe, raça, origen, religió, orientació sexual, opinió o qualsevol altra circumstància personal o social.
d) Accedir a uns serveis públics de qualitat.

33. Indiqueu quin dels següents enunciats sobre el dret d'accés a la informació pública NO és correcte:

a) Les persones tenen el dret d'accedir a la informació pública a títol individual o en nom i representació de qualsevol persona jurídica legalment constituïda.
b) El dret d'accés a la informació pública es pot exercir a partir dels divuit anys.
c) El dret d'accés a la informació pública inclou qualsevol forma o suport en què aquesta informació hagi estat elaborada o en què es conservi.
d) L'exercici d'aquest dret no és condicionat a la concurrència d'un interès personal, no resta subjecte a motivació i no requereix la invocació de cap norma.

34. Les sol·licituds d'accés a la informació pública han d'ésser denegades:

a) Si la informació que es vol obtenir conté dades personals especialment protegides.
b) Si la informació que es vol obtenir conté dades relatives a la comissió d'infraccions penals o administratives que no comportin l'amonestació pública a l'infractor, sense consentiment exprés de l'afectat.
c) Si la informació que es vol obtenir conté dades relatives a la ideologia, l'afiliació sindical, la religió, les creences, l'origen racial, la salut i la vida sexual.
d) Totes les respostes anteriors són correctes.

35. El dret d'accés a la informació pública pot ésser denegat o restringit si el coneixement o la divulgació de la informació comporta un perjudici per a:

a) El secret professional i els drets de propietat intel·lectual i industrial.
b) La seguretat privada.

c) Els drets de les dones.

d) El secret o la confidencialitat en els procediments tramitats per l'Administració pública, encara que el secret o la confidencialitat no siguin establerts per una norma amb rang de llei.

36. L'Administració Pública:

a) Forma part del Govern.

b) Dirigeix el Govern.

c) Forma part del Poder Executiu.

d) No està sotmesa a la Constitució.

37. Segons l'article 103 CE, l'Administració:

a) Està sotmesa únicament a la llei.

b) Actua d'acord amb el principi d'eficiència.

c) Actua d'acord amb el principi d'eficàcia i amb el de descentralització.

d) No es regeix pel principi de jerarquia.

38. L'Administració Pública té una composició:

a) Burocràtica, funcionarial, la selecció de la qual es fa sobre la base dels principis de mèrit i capacitat, els quals estan sotmesos a un règim estatutari de Dret Públic i no laboral.

b) Jeràrquica i funcional, atenent a criteris de capacitat.

c) Funcionarial, i mai laboral.

d) No burocràtica i sí jeràrquica.

39. Atenent a les seves finalitats, l'Administració pública es caracteritza per:

a) Continuïtat i independència del Poder Executiu.

b) Continuïtat i dependència del Poder Executiu.

c) Temporalitat.

d) Dependència absoluta del Poder Executiu.

40. L' Administració pública:

a) És depenent i catòlica.

b) Es independent però està sotmesa a la religió catòlica, per formar part d'un Estat catòlic.

c) No té ideologia, és neutral.

d) Segueix la ideologia que determini cada Poder Executiu, podent ser laica.

41. És una Administració Territorial:

a) L'Administració General de l'Estat.

b) L'Administració Autonòmica.

c) L'Administració Local.

d) Totes les respostes anteriors són correctes.

42. El Sector Públic:

a) És el mateix que l'Administració Territorial.
b) Està format també pel sector públic institucional.
c) Està integrat per qualssevol organismes públics i entitats de dret públic vinculats o dependents de les Administracions Públiques.
d) Son correctes les respostes b) i c).

43. Està subjecte al que disposa la LRJSP:

a) L'Administració Autonòmica.
b) Les entitats de dret privat vinculades a l'Administració Pública.
c) Les entitats dependents de les Administracions Públiques.
d) Totes les respostes anteriors són correctes.

44. Les Universitats públiques:

a) Es regeixen únicament pel que disposa la LRJSP.
b) Es regeixen únicament pel que disposen els seus Estatuts.
c) Es regeixen per la seva normativa específica i, supletòriament, per les previsions de la LRJSP.
d) Es regeixen per regulació privada i no administrativa.

45. Segons la Constitució Espanyola:

a) Els ciutadans estan sotmesos a la Constitució i els poders públics a la resta de l'or-denament jurídic.
b) Els poders públics estan sotmesos a la Constitució i els ciutadans a la resta de l'or-denament jurídic.
c) Els ciutadans i els poders públics estan sotmesos a la Constitució i a la resta de l'or-denament jurídic.
d) Els ciutadans i els poders públics estan sotmesos a la Constitució i a les lleis orgà-niques i ordinàries.

Solució al test n.º 3

1. c) L'acció proactiva de l'Administració de donar a conèixer la informació relativa als seus àmbits d'actuació i les seves obligacions, amb caràcter permanent i actualitzat, de la manera que resulti més comprensible per a les persones i per mitjà dels instruments de difusió que els permetin un accés ampli i fàcil a les dades i els facilitin la participació en els assumptes públics.

2. c) Portal de la Transparència.

3. c) La interoperabilitat i la reutilització.

4. b) Els documents que permeten a les institucions informar públicament la ciutadania sobre els serveis que ofereixen i els compromisos de qualitat que adquireixen a l'hora de prestar aquests serveis.

5. c) Inclou les mesures per a establir una relació i un diàleg permanents i bidireccionals entre l'Administració i les persones a l'hora de definir i aplicar les polítiques públiques, i per a introduir i desenvolupar instruments de participació i col·laboració ciutadana en els assumptes públics.

6. a) Qualitat i equitat.

7. d) No implicar-se en situacions, activitats o interessos incompatibles amb les seves funcions i abstenir-se d'intervenir en els assumptes en què concorri alguna causa que pugui afectar a la seva objectivitat.

8. b) Exercir les seves funcions amb dedicació al servei públic, abstenint-se de qualsevol conducta que sigui contrària a aquests principis.

9. b) L'exercici del càrrec amb dedicació completa o parcial, d'acord amb el que estableix la legislació sobre incompatibilitats.

10. a) Ordenar telemàticament la informació perquè sigui fàcil i intuïtiva de localitzar.

11. d) Preferent.

12. c) El deure dels subjectes obligats de fer públics, d'ofici, els continguts d'informació pública que determina el capítol II del títol II de la Llei 19/2014, del 29 de desembre.

13. a) Les decisions i les actuacions jurídiques.

14. b) El catàleg dels serveis prestats, les cartes de serveis existents i la informació sobre els resultats de les avaluacions de qualitat i de la incidència social de les polítiques públiques.

15. a) Els procediments normatius en curs d'elaboració, amb la indicació de l'estat de tramitació en què es troben.

16. c) El cost de les campanyes de publicitat institucional, desglossant els diferents conceptes de la campanya i l'import contractat a cada mitjà de comunicació.

17. b) De concessió de serveis i de concessió d'obres.

18. c) Inclosos els patrimonials i els menors.

19. d) Cap de les respostes anteriors és correcta.

20. c) Als darrers cinc anys.

21. a) Regular el procediment administratiu comú a totes les Administracions Públiques, incloent el sancionador i el de reclamació de responsabilitat de les Administracions Públiques.

22. b) Promoure una administració pública àgil, eficaç i eficient, i fer accessibles les seves relacions amb la ciutadania, sempre que s'utilitzin suports electrònics.

23. c) Sí, com administració pública de Catalunya.

24. c) Les Universitats.

25. a) Les entitats de dret privat vinculades o dependents de les Administracions Públiques.

26. c) Es regiran per la seva normativa específica en l'exercici de les funcions públiques que els hagin estat atribuïdes per Llei o delegades per una Administració Pública, i supletòriament per la Llei 39/2015, d'1 d'octubre.

27. d) A utilitzar qualsevol de les llengües oficials espanyoles.

28. b) No, si estan obligades a relacionar-se a través de mitjans electrònics amb les administracions públiques.

29. a) Les persones físiques.

30. d) El dret que l'actuació administrativa sigui proporcional a la finalitat perseguida.

31. d) Qualsevol altre mitjà que sigui tècnicament possible.

32. c) Ésser atesos amb el respecte i la consideració que mereix llur dignitat, sense discriminació per raó de naixement, sexe, raça, origen, religió, orientació sexual, opinió o qualsevol altra circumstància personal o social.

33. b) El dret d'accés a la informació pública es pot exercir a partir dels divuit anys.

34. d) Totes les respostes anteriors són correctes.

35. a) El secret professional i els drets de propietat intel·lectual i industrial.

36. c) Forma part del Poder Executiu.

37. c) Actua d'acord amb el principi d'eficàcia i amb el de descentralització.

38. a) Burocràtica, funcionarial, la selecció de la qual es fa sobre la base dels principis de mèrit i capacitat, els quals estan sotmesos a un règim estatutari de Dret Públic i no laboral.

39. a) Continuïtat i independència del Poder Executiu.

40. c) No té ideologia, és neutral.

41. d) Totes les respostes anteriors són correctes.

42. d) Son correctes les respostes b) i c).

43. d) Totes les respostes anteriors són correctes.

44. c) Es regeixen per la seva normativa específica i, supletòriament, per les previsions de la LRJSP.

45. c) Els ciutadans i els poders públics estan sotmesos a la Constitució i a la resta de l'ordenament jurídic.

TEST N.º 4

El dret a la protecció de dades de caràcter personal: definició. Categories de dades de caràcter personal. El consentiment. El dret d'informació. Els drets de les persones interessades. El delegat i delegada de protecció de dades

1. L'article de la Constitució Espanyola en el que es disposa que la Llei limitarà l'ús de la informàtica per garantir l'honor i la intimitat personal i familiar dels ciutadans i el ple exercici dels seus drets, és...:

a) L'article 14.
b) L'article 16.
c) L'article 18.
d) L'article 20.

2. La norma bàsica que regula a Espanya la protecció de dades de caràcter personal és:

a) La Llei orgànica 15/1999, de 13 de desembre.
b) La Llei 15/1993, de 13 de desembre.
c) La Llei orgànica 3/2018, de 5 de desembre.
d) La Llei 3/2018, de 5 de desembre.

3. Quin dels següents enunciats relatius a les dades de caràcter personal és CORRECTE?

a) Les dades de caràcter personal només es refereixen a qualsevol informació referent a persones físiques identificades.
b) Es considera persona física identificada qualsevol persona la identitat de la qual es pot determinar directament.
c) Es considera persona física identificable qualsevol persona la identitat de la qual es pot determinar, directament o indirectament, en particular mitjançant un identificador.
d) El nom, un número d'identificació, dades de localització, un identificador en línia o un o diversos elements propis de la identitat física, fisiològica, genètica, psíquica, econòmica, cultural o social d'aquesta persona, no són identificadors vàlids per determinar la identitat d'una persona física.

4. En aplicació del Reglament (UE) 2016/679 del Parlament i del Consell, de 27 d'abril de 2016, quina de les següents definicions identifica el tractament transfronterer de dades?

a) Qualsevol operació o conjunt d'operacions realitzades sobre dades personals o conjunts de dades personals, ja sigui per procediments automatitzats o no, com la recollida, el registre, l'organització, l'estructuració, la conservació, l'adaptació o la modificació, l'extracció, la consulta, la utilització, la comunicació per transmissió, difusió o qualsevol altra forma d'habilitació d'accés, acarament o interconnexió, limitació, supressió o destrucció.

b) Tractament de dades personals efectuat en el context de les activitats d'un únic establiment d'un responsable o d'un encarregat del tractament a la Unió, però que afecta o pot afectar substancialment interessats en més d'un estat membre.

c) Tractament de dades personals efectuat en el context de les activitats d'establiments en un estat membre d'un responsable o d'un encarregat del tractament a la Unió, si el responsable o l'encarregat està establert en aquest estat membre.

d) Totes les respostes anteriors són correctes.

5. El Reglament (UE) 2016/679 del Parlament i del Consell, de 27 d'abril de 2016, defineix responsable del tractament o responsable...:

a) La persona física o jurídica que, sola o juntament amb d'altres, determina les finalitats i els mitjans del tractament.

b) La persona física o jurídica, de naturalesa pública o privada, o òrgan administratiu, que decideixi sobre la finalitat, contingut i l'ús del tractament.

c) La persona física o jurídica, autoritat pública, servei o qualsevol altre organisme que, sol o juntament amb d'altres, determina les finalitats i els mitjans del tractament.

d) Cap de les respostes anteriors és correcta.

6. Quina de les següents definicions establertes pel Reglament (UE) 2016/679 del Parlament i del Consell, de 27 d'abril de 2016, identifica el «tercer»:

a) Persona física o jurídica establerta a la Unió que, havent estat designada per escrit pel responsable o per l'encarregat del tractament, representa el responsable o l'encarregat pel què fa a les seves respectives obligacions en virtut del Reglament.

b) Persona física o jurídica, autoritat pública, servei o organisme diferent de l'interessat, del responsable del tractament, de l'encarregat del tractament i de les persones autoritzades per tractar les dades personals sota l'autoritat directa del responsable o de l'encarregat.

c) Persona física o jurídica, autoritat pública, servei o qualsevol altre organisme al qual es comuniquen dades personals, tant si és un tercer com si no.

d) Persona física titular de les dades que siguin objecte del tractament a què es refereix el concepte sobre tractament de dades.

7. Amb quin concepte es vincula la següent definició: «qualsevol manifestació de voluntat lliure, específica, informada i inequívoca per la qual l'interessat accepta, mitjançant una declaració o una acció afirmativa clara, el tractament de dades personals que l'afecten»:

a) Cessió de dades.
b) Procediment de dissociació.
c) Tractament de dades.
d) Consentiment de l'interessat.

8. El Reglament (UE) 2016/679 del Parlament i del Consell, de 27 d'abril de 2016...:

a) No és una norma directament aplicable, ja que requereix de la corresponent transposició per part de cada estat membre.
b) Està sotmès al contingut establert per la Llei Orgànica 15/1999, de 13 de desembre, de protecció de dades de caràcter personal.
c) No requereix normes internes de transposició però sí de normes de desenvolupament o d'aplicació en tots els casos.
d) Cap de les respostes anteriors és correcta.

9. A partir de quina data va ser aplicable el Reglament (UE) 2016/679 del Parlament i del Consell, de 27 d'abril de 2016?

a) A partir del 24 de maig de 2016.
b) A partir del 27 d'abril de 2016.
c) A partir del 25 de maig de 2018.
d) A partir de l'1 de juliol de 2018.

10. D'acord amb el Reglament (UE) 2016/679 del Parlament i del Consell, de 27 d'abril de 2016, el consentiment tàcit...:

a) Constitueix un consentiment vàlid a partir de l'entrada en vigor del Reglament (UE) 2016/679.
b) Equival a una declaració o un acte afirmatiu clar.
c) Reflecteix una manifestació de voluntat lliure, específica, informada i inequívoca de l'interessat d'acceptar el tractament de dades de caràcter personal que l'afecten.
d) Cap de les respostes anteriors és correcta.

11. Quin dels següents drets de les persones NO és un dels nous que introdueix el Reglament (UE) 2016/679 del Parlament i del Consell, de 27 d'abril de 2016?

a) Dret de cancel·lació.
b) Dret a la limitació del tractament.
c) Dret a l'oblit.
d) Dret a la portabilitat.

12. Quin terme utilitza el Reglament (UE) 2016/679 del Parlament i del Consell, de 27 d'abril de 2016, per fer referència a les dades especialment protegides?

a) Categories singulars de dades.
b) Dades de protecció excepcional.
c) Categories especials de dades.
d) Dades de protecció especial.

13. El Reglament (UE) 2016/679 del Parlament i del Consell, de 27 d'abril de 2016, es refereix a les «dades biomètriques» en els següents termes:

a) Dades personals relatives a les característiques genètiques heretades o adquirides d'una persona física, que proporcionen una informació única sobre la fisiologia o la salut d'aquesta persona, obtingudes en particular de l'anàlisi d'una mostra biològica.
b) Dades personals obtingudes a partir d'un tractament tècnic específic, relatives a les característiques físiques, fisiològiques o conductuals d'una persona física, que permeten o confirmen la identificació única d'aquesta persona.
c) Les respostes «a» i «b» són correctes.
d) Cap de les respostes anteriors és correcta.

14. Quin és el principi que descriu el Reglament (UE) 2016/679 del Parlament i del Consell, de 27 d'abril de 2016, com la necessitat que el responsable del tractament apliqui mesures tècniques i organitzatives apropiades, a fi de garantir i poder demostrar que el tractament és conforme a aquell?

a) Principi de l'enfocament de risc.
b) Principi d'integritat i confidencialitat.
c) Principi d'exactitud.
d) Principi de responsabilitat proactiva.

15. Quin és el principi que descriu el Reglament (UE) 2016/679 del Parlament i del Consell, de 27 d'abril de 2016, com que les mesures adreçades a garantir-ne el compliment han de tenir en compte la naturalesa, l'àmbit, el context i les finalitats del tractament, així com el risc per als drets i les llibertats de les persones?

a) Principi de responsabilitat proactiva.
b) Principi de limitació de la finalitat.
c) Principi de l'enfocament de risc.
d) Principi de minimització de dades.

16. Als efectes del Reglament (UE) 2016/679 del Parlament i del Consell, de 27 d'abril de 2016, constitueix un consentiment vàlid...:

a) Les caselles ja marcades.
b) La inacció.
c) Una declaració inequívoca.
d) El consentiment tàcit.

17. El Reglament (UE) 2016/679 del Parlament i del Consell, de 27 d'abril de 2016, preveu que en els casos d'adopció de decisions automatitzades...:

a) El consentiment pot ser per omissió.
b) El consentiment ha de ser inequívoc.
c) El consentiment ha de ser explícit.
d) El consentiment ha de ser per omissió.

18. En l'àmbit dels serveis de la societat de la informació, el consentiment dels menors només és vàlid si tenen...:

a) Més de 18 anys.
b) Més de 16 anys.
c) Més de 14 anys.
d) Més de 12 anys.

19. En aplicació del Reglament (UE) 2016/679 del Parlament i del Consell, de 27 d'abril de 2016, els interessats tenen dret a obtenir la supressió de les dades (el denominat «dret a l'oblit»), quan (assenyaleu l'alternativa de resposta INCORRECTA):

a) Les dades s'han obtingut en relació amb l'oferta de serveis de la societat de la informació adreçada a menors.
b) Es revoca el consentiment en el qual es basava el tractament.
c) L'interessat presta consentiment explícit al tractament.
d) Les dades ja no són necessàries per a la finalitat per a la qual es van recollir.

20. Quan el responsable ha fet públiques les dades personals i s'han de suprimir, ha d'adoptar mesures raonables per informar de la supressió els responsables que estan tractant les dades. Constitueix una excepció a l'exercici d'aquest dret:

a) L'existència de finalitats d'arxiu en interès públic, de recerca científica o històrica o finalitats estadístiques.
b) La formulació, l'exercici o la defensa de reclamacions.
c) El dret a la limitació del tractament.
d) Totes les respostes anteriors són correctes.

21. Segons el Reglament (UE) 2016/679 del Parlament i del Consell, de 27 d'abril de 2016, la limitació de tractament suposa que...:

a) D'ofici, no s'aplicaran a les dades personals de la persona interessada les operacions de tractament que en cada cas correspondrien.
b) La persona interessada pot bloquejar les seves dades personals.
c) A petició de la persona interessada, no s'aplicaran a les seves dades personals les operacions de tractament que en cada cas correspondrien.
d) Totes les respostes anteriors són correctes.

22. La limitació de tractament es pot sol·licitar quan…:

a) El tractament és lícit.
b) La persona interessada ha exercit els drets de rectificació o oposició i mentre el responsable determina si escau atendre la sol·licitud.
c) Les dades continuen sent necessàries per al tractament.
d) Totes les respostes anteriors són correctes.

23. Mentre duri la limitació, el responsable només pot tractar les dades afectades, més enllà de conservar-les, en els casos següents (assenyaleu l'alternativa de resposta INCORRECTA):

a) Sense el consentiment de la persona interessada.
b) Per protegir els drets d'una altra persona física o jurídica.
c) Per raons d'interès públic important de la Unió o de l'estat membre corresponent.
d) Per formular, exercir o defensar reclamacions.

24. Quin dret de les persones interessades es correspon amb la següent definició: «forma avançada del dret d'accés, per la qual la persona interessada té dret a rebre les dades personals que l'afecten i que ha facilitat a un responsable del tractament en un format estructurat, d'ús comú i de lectura mecànica, i transmetre-les a un altre responsable, si es compleixen determinats requisits»:

a) Dret a la supressió de les dades.
b) Dret a la limitació del tractament.
c) Dret a l'oblit.
d) Dret a la portabilitat.

25. Quin dels següents continguts NO es desenvolupa en el Capítol III del Reglament (UE) 2016/679 del Parlament i del Consell, de 27 d'abril de 2016?

a) Dret d'oposició i decisions individuals automatitzades.
b) Delegat i delegada de protecció de dades.
c) Informació i accés a les dades personals.
d) Transparència i modalitats.

26. Segons el Reglament (UE) 2016/679 del Parlament i del Consell, de 27 d'abril de 2016, les dades personals han de ser tractades de manera lícita, lleial i transparent en relació amb l'interessat. El tractament només és lícit si es compleix, almenys, una de les condicions següents (assenyaleu l'alternativa de resposta INCORRECTA):

a) El tractament és necessari per protegir interessos vitals de l'interessat o d'una altra persona física.
b) El tractament és necessari per satisfer interessos legítims perseguits pel responsable del tractament o per un tercer, sempre que no hi prevalguin els interessos o els drets i les llibertats fonamentals de l'interessat que requereixen la protecció de dades personals, especialment si l'interessat és un nen.

c) L'interessat no ha donat el consentiment per al tractament de les seves dades personals.

d) El tractament és necessari per complir una missió realitzada en interès públic o en l'exercici de poders públics conferits al responsable del tractament.

27. Segons el Reglament (UE) 2016/679 del Parlament i del Consell, de 27 d'abril de 2016, les dades personals s'han de recollir amb finalitats determinades, explícites i legítimes i posteriorment no s'han de tractar de manera incompatible amb aquestes finalitats. Quin dels següents tractaments posteriors no es considera incompatible amb les finalitats inicials?

a) El tractament posterior de les dades personals amb finalitats d'arxiu en interès públic.

b) El tractament posterior de les dades personals amb finalitats de recerca científica i històrica.

c) El tractament posterior de les dades personals amb finalitats estadístiques.

d) Totes les respostes anteriors són correctes.

28. Quan les dades personals que fan referència a l'interessat, s'obtenen del mateix interessat, en el moment d'obtenir les dades personals el responsable del tractament ha de facilitar a l'interessat determinada informació, necessària per garantir un tractament de dades lleial i transparent. Entre aquesta informació NO s'hi troba...:

a) El dret a sol·licitar al responsable del tractament l'accés a les dades personals relatives a l'interessat, a rectificar-les o a suprimir-les, a limitar-ne el tractament o a oposar-s'hi, així com el dret a la portabilitat de les dades.

b) L'existència de decisions automatitzades, inclosa l'elaboració de perfils, i com a mínim en aquests casos, li ha de facilitar informació significativa sobre la lògica aplicada així com la importància i les conseqüències previstes d'aquest tractament per a l'interessat.

c) El dret a presentar una reclamació judicial.

d) El termini durant el qual es conservaran les dades personals. Si això no és possible, els criteris utilitzats per determinar aquest termini.

29. Quan les dades personals no s'han obtingut de l'interessat, el responsable del tractament li ha de facilitar determinada informació, entre la qual NO es troba...:

a) Les finalitats i els tractaments a què es destinen les dades personals i la base jurídica del tractament.

b) Les categories de dades personals que es tracten.

c) La identitat i les dades de contacte del responsable i, si escau, del seu representant.

d) Cap de les respostes anteriors és correcta.

30. Quan les dades personals no s'han obtingut de l'interessat el responsable del tractament ha de facilitar tota la informació requerida pel Reglament (UE) 2016/679 del Parlament i del Consell, de 27 d'abril de 2016...:

a) Dins d'un termini raonable i com a màxim al cap de 30 dies, una vegada obtingudes les dades personals, tenint en compte les circumstàncies específiques en què es tracten aquestes dades.

b) Si està previst comunicar-les a un altre destinatari, com a màxim en el moment de la primera comunicació.

c) Si les dades personals s'han d'utilitzar per comunicar-se amb l'interessat, com a màxim en el moment en què les dades personals es comuniquen per primera vegada.

d) Cap de les respostes anteriors és correcta.

31. L'interessat té dret a obtenir del responsable del tractament confirmació de si s'estan tractant dades personals que l'afecten, i si és així, té dret a accedir a aquestes dades i a determinada informació, entre la qual s'hi troba...:

a) L'existència de decisions automatitzades, exclosa l'elaboració de perfils.

b) Quan les dades s'han obtingut de l'interessat, qualsevol informació disponible sobre el seu origen.

c) Els destinataris o les categories de destinataris als quals s'han comunicat o es comunicaran les dades personals, en particular destinataris en tercers països o en organitzacions internacionals.

d) El dret a presentar una reclamació davant d'una autoritat judicial.

32. En relació amb el dret d'oposició regulat al Reglament (UE) 2016/679 del Parlament i del Consell, de 27 d'abril de 2016, assenyaleu l'alternativa de resposta CORRECTA:

a) Quan el tractament de dades personals té per objecte el màrqueting directe, l'interessat té dret a oposar-se en tot moment al tractament de les dades personals que l'afecten, inclosa l'elaboració de perfils relacionada amb el màrqueting esmentat.

b) Quan el tractament de dades personals té per objecte el màrqueting directe, l'interessat té dret a oposar-se en tot moment al tractament de les dades personals que l'afecten, exclosa l'elaboració de perfils relacionada amb el màrqueting esmentat.

c) Si les dades personals es tracten amb finalitats de recerca científica o històrica o amb finalitats estadístiques, per motius relacionats amb la seva situació particular l'interessat té dret a oposar-se al tractament de dades personals que l'afecten, tret que sigui necessari per complir una missió realitzada per raons d'interès públic.

d) Les respostes «a» i «c» són correctes.

33. Qualsevol interessat té dret a no ser objecte d'una decisió basada únicament en el tractament automatitzat, inclosa l'elaboració de perfils, que produeixi efectes jurídics que l'afectin o que l'afectin significativament de manera similar. Aquesta regla no és d'aplicació, si la decisió...:

a) Es basa en el consentiment per omissió de l'interessat.

b) Està autoritzada pel dret de la Unió o dels estats membres que és d'aplicació al responsable del tractament i que estableix, així mateix, mesures adequades per protegir els drets i les llibertats i els interessos legítims de l'interessat.

c) No és necessària per formalitzar o executar un contracte entre l'interessat i un responsable del tractament.
d) Totes les respostes anteriors són correctes.

34. Quin organisme de la Unió és l'encarregat de garantir l'aplicació coherent del Reglament (UE) 2016/679 del Parlament i del Consell, de 27 d'abril de 2016?

a) El delegat i delegada de protecció de dades.
b) El Supervisor Europeu de Protecció de Dades.
c) El Comitè Europeu de Protecció de Dades.
d) El responsable del tractament.

35. La protecció de les persones físiques en relació amb el tractament de dades personals...:

a) És un dret constitucional protegit a la secció segona del capítol segon del títol primer de la Constitució de 1978.
b) És un dret fonamental protegit a la secció primera del capítol segon del títol primer de la Constitució de 1978.
c) És un principi rector protegit al capítol tercer del títol primer de la Constitució de 1978.
d) És un principi informador de l'ordenament jurídic protegit a l'art. 14 de la Constitució de 1978.

36. Indiqueu quina de les següents normes en matèria de protecció de les persones físiques en relació amb el tractament de dades va transposar al nostre dret la Directiva 95/46/CE del Parlament Europeu i del Consell, de 24 d'octubre de 1995, relativa a la protecció de les persones físiques pel que fa al tractament de dades personals i a la lliure circulació d'aquestes dades:

a) La Llei orgànica 5/1992, de 29 d'octubre, reguladora del tractament automatitzat de dades personals.
b) La Llei orgànica 15/1999, de 5 de desembre, de protecció de dades personals.
c) La Llei orgànica 3/2018, de 5 de desembre, de protecció de dades personals i garantia dels drets digitals.
d) Cap de les respostes anteriors és correcta.

37. A quin títol de la Llei Orgànica 3/2018, de 5 de desembre, de protecció de dades personals i garantia de drets digitals es recullen els principis de protecció de dades?

a) Títol I.
b) Títol II.
c) Títol III.
d) Títol VIII.

38. El Títol X de la Llei Orgànica 3/2018, de 5 de desembre, de protecció de dades personals i garantia de drets digitals, fixa la regulació relativa a...:

a) Autoritats de protecció de dades.
b) Transferències internacionals de dades.
c) Garantia dels drets digitals.
d) Drets de les persones.

39. Les obligacions que s'estableixen en relació amb el deure de confidencialitat...:

a) Es suspenen en el moment en què hagi finalitzat la relació de l'obligat amb el responsable o encarregat del tractament.
b) Es mantenen encara que hagi finalitzat la relació de l'obligat amb el responsable o encarregat del tractament.
c) S'interrompen quan hagi finalitzat la relació de l'obligat amb el responsable o encarregat del tractament.
d) Cap de les respostes anteriors és correcta.

40. El tractament de les dades dels menors de catorze anys:

a) No és lícit en cap cas.
b) Fonamentat en el consentiment, només és lícit si consta el del titular de la pàtria potestat o tutela, amb l'abast que determinin els titulars de la pàtria potestat o tutela.
c) No és objecte de regulació en l'actual normativa vigent.
d) Cap de les respostes anteriors és correcta.

41. Quan les dades personals s'obtinguin de l'afectat el responsable del tractament pot donar compliment al deure d'informació facilitant a l'afectat la informació bàsica i indicant-li una adreça electrònica o un altre mitjà que li permeti accedir de manera senzilla i immediata a la resta d'informació. Aquesta informació bàsica, ha de contenir, almenys (marqueu l'opció INCORRECTA):

a) La finalitat del tractament.
b) La possibilitat d'exercir els drets que estableixen els articles 15 a 22 del Reglament (UE) 2016/679.
c) La identitat del responsable del tractament i del seu representant, si s'escau.
d) Les fonts de les quals procedeixin les dades.

42. En exercir..., l'afectat ha d'indicar en la seva sol·licitud a quines dades es refereix i quina correcció s'hi ha de fer.

a) El dret d'accés.
b) El dret de supressió.
c) El dret a la limitació del tractament.
d) El dret de rectificació.

43. En relació amb la garantia dels drets digitals, marqueu l'opció INCORRECTA:

a) Els proveïdors de serveis d'Internet han de proporcionar una oferta transparent de serveis sense cap discriminació per motius tècnics o econòmics.

b) L'accés a Internet d'homes i dones ha de procurar la superació de la bretxa de gènere tant en l'àmbit personal com laboral.

c) L'accés a Internet ha de procurar la superació de la bretxa generacional mitjançant accions dirigides a la formació i l'accés a les persones grans.

d) Els usuaris tenen dret a la seguretat de les comunicacions que transmetin i rebin a través d'Internet. Els proveïdors de serveis d'Internet poden informar els usuaris dels seus drets.

44. Respecte el dret a l'educació digital, és CORRECTE:

a) El sistema educatiu ha de garantir la plena inserció de l'alumnat en la societat digital i l'aprenentatge d'un consum responsable i un ús crític i segur dels mitjans digitals i respectuós amb la dignitat humana, la justícia social i la sostenibilitat mediambiental, els valors constitucionals, els drets fonamentals i, particularment, amb el respecte i la garantia de la intimitat personal i familiar i la protecció de dades personals.

b) Les administracions educatives han d'incloure en el desenvolupament del currículum la competència digital, així com els elements relacionats amb les situacions de risc derivades de la utilització inadequada de les TIC, amb una atenció especial a les situacions de violència a la xarxa.

c) Els plans d'estudi dels títols universitaris, en especial els que habilitin per a l'exercici professional en la formació de l'alumnat, han de garantir la formació en l'ús i la seguretat dels mitjans digitals i en la garantia dels drets fonamentals a Internet.

d) Totes les respostes anteriors són correctes.

45. ... han de procurar que els menors d'edat facin un ús equilibrat i responsable dels dispositius digitals i dels serveis de la societat de la informació a fi de garantir el desenvolupament adequat de la seva personalitat i preservar la seva dignitat i els seus drets fonamentals.

a) El sistema educatiu.

b) Les administracions educatives.

c) Els pares, mares, tutors, curadors o representants legals.

d) El professorat.

46. ... té dret a sol·licitar motivadament dels mitjans de comunicació digitals la inclusió d'un avís d'actualització suficientment visible al costat de les notícies que el concerneixin quan la informació continguda a la notícia original no reflecteixi la seva situació actual com a conseqüència de circumstàncies que s'hagin produït després de la publicació, i li causi un perjudici.

a) Els responsables de xarxes socials i serveis equivalents.

b) Els treballadors i els empleats públics.

c) Qualsevol persona.

d) Els ocupadors.

47. ... tenen dret a la desconnexió digital a fi de garantir, fora del temps de treball establert legalment o convencionalment, el respecte del seu temps de descans, permisos i vacances, així com de la seva intimitat personal i familiar.

a) Els treballadors.
b) Els empleats públics.
c) Els treballadors i els empleats públics.
d) Els ocupadors.

48. S'admet la instal·lació de sistemes de gravació de sons i de videovigilància...:

a) A les zones de treball.
b) Als lavabos i vestidors.
c) Als menjadors.
d) Totes les respostes anteriors són correctes.

49. Les regles que regeixen l'accés a continguts gestionats per prestadors de serveis de la societat de la informació sobre persones difuntes es vinculen amb...:

a) El dret de portabilitat en serveis de xarxes socials i serveis equivalents.
b) El dret a l'oblit en cerques d'Internet.
c) El dret al testament digital.
d) El dret a l'oblit en serveis de xarxes socials i serveis equivalents.

50. Indiqueu quin dels següents continguts forma part del dret de rectificació i supressió:

a) L'interessat té dret a obtenir del responsable del tractament la limitació del tractament de les dades.
b) L'interessat té dret a rebre, en un format estructurat, d'ús comú i de lectura mecànica, les dades personals que l'afecten i que ha facilitat a un responsable del tractament.
c) L'interessat té dret a obtenir del responsable del tractament la rectificació de les dades personals inexactes que l'afecten, sense dilació indeguda.
d) L'interessat té dret a obtenir del responsable del tractament confirmació de si s'estan tractant dades personals que l'afecten, i si és així, té dret a accedir a aquestes dades.

51. Quina de les següents informacions NO s'inclou en el dret d'accés?

a) L'existència de decisions automatitzades, exclosa l'elaboració de perfils.
b) Els destinataris o les categories de destinataris als quals s'han comunicat o es comunicaran les dades personals, en particular destinataris en tercers països o en organitzacions internacionals.
c) El dret a presentar una reclamació davant d'una autoritat de control.
d) El dret a sol·licitar al responsable del tractament l'accés a les dades personals relatives a l'interessat, a rectificar-les o a suprimir-les, a limitar-ne el tractament o a oposar-s'hi, així com el dret a la portabilitat de les dades.

52. L'interessat té dret a obtenir del responsable del tractament la limitació del tractament de les dades, si es compleix alguna de les condicions següents (assenyaleu l'opció INCORRECTA):

a) L'interessat impugna l'exactitud de les dades personals, durant un termini que permet al responsable verificar-ne l'exactitud.

b) El tractament és il·lícit i l'interessat s'oposa a la supressió de les dades personals i, en lloc de suprimir-les, sol·licita que se'n limiti l'ús.

c) El responsable ja no necessita les dades personals per a les finalitats del tractament, ni l'interessat les necessita per formular, exercir o defensar reclamacions.

d) L'interessat s'ha oposat al tractament mentre es verifica si els motius legítims del responsable prevalen sobre els de l'interessat.

Solució al test n.º 4

1. c) L'article 18.

2. c) La Llei orgànica 3/2018, de 5 de desembre.

3. c) Es considera persona física identificable qualsevol persona la identitat de la qual es pot determinar, directament o indirectament, en particular mitjançant un identificador.

4. b) Tractament de dades personals efectuat en el context de les activitats d'un únic establiment d'un responsable o d'un encarregat del tractament a la Unió, però que afecta o pot afectar substancialment interessats en més d'un estat membre.

5. c) La persona física o jurídica, autoritat pública, servei o qualsevol altre organisme que, sol o juntament amb d'altres, determina les finalitats i els mitjans del tractament.

6. b) Persona física o jurídica, autoritat pública, servei o organisme diferent de l'interessat, del responsable del tractament, de l'encarregat del tractament i de les persones autoritzades per tractar les dades personals sota l'autoritat directa del responsable o de l'encarregat.

7. d) Consentiment de l'interessat.

8. d) Cap de les respostes anteriors és correcta.

9. c) A partir del 25 de maig de 2018.

10. d) Cap de les respostes anteriors és correcta.

11. a) Dret de cancel·lació.

12. c) Categories especials de dades.

13. b) Dades personals obtingudes a partir d'un tractament tècnic específic, relatives a les característiques físiques, fisiològiques o conductuals d'una persona física, que permeten o confirmen la identificació única d'aquesta persona.

14. d) Principi de responsabilitat proactiva.

15. c) Principi de l'enfocament de risc.

16. c) Una declaració inequívoca.

17. c) El consentiment ha de ser explícit.

18. b) Més de 16 anys.

19. c) L'interessat presta consentiment explícit al tractament.

20. d) Totes les respostes anteriors són correctes.

21. c) A petició de la persona interessada, no s'aplicaran a les seves dades personals les operacions de tractament que en cada cas correspondrien.

22. b) La persona interessada ha exercit els drets de rectificació o oposició i mentre el responsable determina si escau atendre la sol·licitud.

23. a) Sense el consentiment de la persona interessada.

24. b) Dret a la limitació del tractament.

25. b) Delegat i delegada de protecció de dades.

26. c) L'interessat no ha donat el consentiment per al tractament de les seves dades personals.

27. d) Totes les respostes anteriors són correctes.

28. c) El dret a presentar una reclamació judicial.

29. d) Cap de les respostes anteriors és correcta.

30. d) Cap de les respostes anteriors és correcta.

31. c) Els destinataris o les categories de destinataris als quals s'han comunicat o es comunicaran les dades personals, en particular destinataris en tercers països o en organitzacions internacionals.

32. d) Les respostes «a» i «c» són correctes.

33. b) Està autoritzada pel dret de la Unió o dels estats membres que és d'aplicació al responsable del tractament i que estableix, així mateix, mesures adequades per protegir els drets i les llibertats i els interessos legítims de l'interessat.

34. c) El Comitè Europeu de Protecció de Dades.

35. b) És un dret fonamental protegit a la secció primera del capítol segon del títol primer de la Constitució de 1978.

36. b) La Llei orgànica 15/1999, de 5 de desembre, de protecció de dades personals.

37. b) Títol II.

38. c) Garantia dels drets digitals.

39. b) Es mantenen encara que hagi finalitzat la relació de l'obligat amb el responsable o encarregat del tractament.

40. b) Fonamentat en el consentiment, només és lícit si consta el del titular de la pàtria potestat o tutela, amb l'abast que determinin els titulars de la pàtria potestat o tutela.

41. d) Les fonts de les quals procedeixin les dades.

42. d) El dret de rectificació.

43. d) Els usuaris tenen dret a la seguretat de les comunicacions que transmetin i rebin a través d'Internet. Els proveïdors de serveis d'Internet poden informar els usuaris dels seus drets.

44. d) Totes les respostes anteriors són correctes.

45. c) Els pares, mares, tutors, curadors o representants legals.

46. c) Qualsevol persona.

47. c) Els treballadors i els empleats públics.

48. a) A les zones de treball.

49. c) El dret al testament digital.

50. c) L'interessat té dret a obtenir del responsable del tractament la rectificació de les dades personals inexactes que l'afecten, sense dilació indeguda.

51. a) L'existència de decisions automatitzades, exclosa l'elaboració de perfils.

52. c) El responsable ja no necessita les dades personals per a les finalitats del tractament, ni l'interessat les necessita per formular, exercir o defensar reclamacions.

Concepte de procediment administratiu. Les persones interessades. Els terminis. Els actes administratius: requisits, eficàcia, nul·litat i anul·labilitat

1. Indiqui quina de les següents opcions no s'ha d'excloure del concepte d'acte administratiu:

a) Els actes materials o de pura execució.
b) Els actes de l'Administració quan actua com a persona jurídica de dret privat.
c) Els actes de l'Administració quan actua com a persona de dret públic.
d) Els actes polítics o de govern.

2. Si un Ajuntament, a través del seu personal, efectua la demolició d'una finca en estat ruïnós:

a) Estem davant d'un acte administratiu.
b) Estem davant d'una situació protegida per un acte administratiu.
c) Estem davant d'una situació únicament regulada pel dret privat.
d) Estem davant d'un contracte figurat firmat per l'Administració.

3. Un contracte firmat per l'Administració:

a) És considerat un acte administratiu, perquè el duu a terme l'Administració.
b) Implica una unilateralitat.
c) Requereixen un acord de voluntats.
d) No es regeix pel dret administratiu.

4. Indiqui la resposta incorrecta. En la seva definició positiva, un acte administratiu:

a) És una declaració de voluntat, de desig, de coneixement o de judici.
b) Ha de procedir d'un subjecte de l'Administració.
c) Dictat per una Administració incompetent no és motiu d'impugnació.
d) Ha de procedir de l'exercici d'una potestat administrativa.

5. Quan es diu que l'Administració obra en l'exercici d'una potestat administrativa:

a) Es vol expressar que actua dotada de les prerrogatives i privilegis que, per raó de l'interès públic que ha de perseguir en tota la seva actuació, li reconeix l'ordenament jurídic.
b) Es vol expressar que està actuant com a Administració Pública.
c) Es vol expressar que està actuant conforme a dret administratiu i no a dret privat.
d) Es vol expressar que està actuant conforme a dret privat i no a dret administratiu.

6. De forma general, es considera un tipus d'acte administratiu:

a) Acte simple.
b) Acte complicat.
c) Acte general.
d) Són correctes les respostes a) i c).

7. Es considera un acte singular:

a) El que prové d'un sol òrgan administratiu.
b) El que prové de varis òrgans administratius.
c) El que es dirigeix a un grup determinat de persones.
d) El que es dirigeix a una pluralitat indeterminada de persones.

8. Es denomina acte discrecional:

a) El que es manifesta formalment.
b) El que sorgeix a l'exterior en virtut del mecanisme del silenci administratiu.
c) Quan l'Administració, en dictar-lo, es limitia a aplicar una norma que li assenyala clarament la decisió a adoptar en el supòsit del fet que es tracti.
d) Quan l'Administració al dictar-lo té llibertat en l'emissió d'aquest acte, podent optar entre diverses alternatives que la Llei li ofereix, però sense oblidar que la fi de tota la seva actuació és l'interès general.

9. Es denomina acte presumpte:

a) El que es manifesta formalment.
b) El que sorgeix a l'exterior en virtut del mecanisme del silenci administratiu.
c) Quan l'Administració, en dictar-lo, es limitia a aplicar una norma que li assenyala clarament la decisió a adoptar en el supòsit del fet que es tracti.
d) Quan l'Administració al dictar-lo té llibertat en l'emissió d'aquest acte, podent optar entre diverses alternatives que la Llei li ofereix, però sense oblidar que la fi de tota la seva actuació és l'interès general.

10. Quan es fa referència a l'actuació de l'Administració que tingui competència, aquesta pot ser:

a) Territorial, en virtut de la qual cada òrgan administratiu té competència preferentment respecte dels seus iguals, en la circumscripció que se li assigna.
b) Funcional, en virtut de la qual cada òrgan administratiu té competència preferentment respecte dels seus iguals, en la circumscripció que se li assigna.
c) En funció de l'àmbit funcional es pot distingir entre òrgans amb competència nacional i òrgans amb competència autonòmica.
d) Sempre i en tot cas és funcional.

11. El criteri jeràrquic és en virtut del que:

a) S'atribueix la competència, dins de l'estructuració dels òrgans de l'Administració, a uns òrgans o altres preferentment respecte als seus superiors o inferiors.
b) S'atribueix la competència en relació amb els òrgans de diferents territoris.
c) Un ens local mai tindrà competències administratives.
d) Totes les respostes anteriors són correctes.

12. En el cas que un òrgan inferior envaeixi l'esfera d'atribucions del seu superior jeràrquic:

a) Es sanciona l'actuació amb l'anul·labilitat.
b) Es sanciona l'actuació amb la nul·litat.
c) L'òrgan inferior ha d'implorar la convalidació de l'acte al superior.
d) Cap de les respostes anteriors és correcta.

13. El contingut és:

a) L'efecte pràctic perseguit amb l'acte.
b) Ha de ser determinat o determinable, possible i lícit.
c) És el per què es dicta un acte administratiu.
d) Són correctes les respostes a) i b).

14. El procediment:

a) És una manifestació de la forma de l'acte.
b) És la via a través de la qual es pot únicament expressar el judici de l'Administració i en relació a l'acte.
c) És l'exteriorització de l'acte.
d) Són correctes les respostes b) i c).

15. El silenci administratiu:

a) Mai pot posar fi a un procediment administratiu.
b) Es pot considerar una forma de terminació presumpta del procediment administratiu.

c) Sempre es positiu.
d) Sempre és negatiu.

16. El termini màxim en el qual ha de notificar la resolució expressa de l'acte a l'interessat:

a) És el fixat per la norma reguladora del procediment corresponent.
b) No pot excedir de sis mesos, tret que una norma amb rang de Llei n'estableixi un de superior o així ho prevegi el dret de la Unió Europea.
c) Si no el fixen les normes aquest és de tres mesos.
d) Totes les respostes anteriors són correctes.

17. El transcurs del termini màxim legal per a resoldre un procediment i notificar la resolució:

a) No es pot suspendre ni quan s'hagi de requerir a un interessat per a l'esmena de deficiències o l'aportació de documents i altres elements de judici necessaris.
b) Es pot suspendre quan s'hagi d'obtenir un pronunciament previ i preceptiu d'un òrgan de la Unió Europea, pel temps que transcorri entre la petició.
c) Es pot suspendre quan s'hagi d'obtenir un pronunciament previ i preceptiu d'un òrgan de la Unió Europea, pel temps que transcorri entre la petició, sempre que no superi el mes.
d) És sempre d'un any.

18. En els procediments iniciats a sol·licitud de l'interessat:

a) El venciment del termini màxim sense que s'hagi notificat cap resolució expressa legitima l'interessat o els interessats per entendre-la estimada per silenci administratiu.
b) El venciment del termini màxim sense que s'hagi notificat cap resolució expressa legitima l'interessat o els interessats per entendre- la desestimada per silenci administratiu.
c) Quan el procediment tingui per objecte l'accés a activitats o el seu exercici, la llei que disposi el caràcter estimatori del silenci s'ha de fonamentar en la concurrència de raons imperioses d'interès general.
d) Quan el procediment tingui per objecte l'accés a activitats o el seu exercici, la llei que disposi el caràcter estimatori del silenci s'ha de fonamentar en la concurrència de raons imperioses d'interès particular.

19. En relació amb el silenci administratiu:

a) L'estimació per silenci administratiu té a tots els efectes la consideració d'acte administratiu finalitzador del procediment.
b) La desestimació per silenci administratiu té els únics efectes de permetre als interessats interposar el recurs administratiu o contenciós administratiu que sigui procedent.
c) L'estimació per silenci administratiu té els únics efectes de permetre als interessats interposar el recurs administratiu o contenciós administratiu que sigui procedent.
d) Són correctes les respostes a) i b).

20. En relació amb la inderogabilitat:

a) Les resolucions administratives de caràcter general no poden vulnerar el que estableix una disposició de caràcter particular.

b) Són nul·les les resolucions administratives que vulnerin el que estableix una disposició reglamentària.

c) Són anul·lables les resolucions administratives que vulnerin el que estableix una disposició reglamentària.

d) Les resolucions administratives de caràcter particular sí poden vulnerar el que estableix una disposició de caràcter general.

21. L'eficàcia de l'acte:

a) Pot cessar únicament temporalment.

b) Pot cessar temporalment o definitivament.

c) Si cessa únicament ho pot fer de forma definitiva.

d) La cessió definitiva té lloc a partir d'una suspensió de l'acte.

22. La cessió definitiva es pot produir per:

a) El total compliment del mateix acte.

b) El compliment de la condició resolutòria a la qual pugui estar subjecte.

c) L'anul·lació o revocació del mateix acte.

d) Totes les respostes anteriors són correctes.

23. Quan es parla d'executivitat de l'acte administratiu es fa referència a:

a) Que l'acte que es dicti pugui ser portat a la pràctica i sigui portat.

b) L'execució forçosa de l'acte.

c) L l'acció d'ofici per a l'execució de l'acte.

d) Que l'acte que es dicti pugui ser portat a la pràctica però no s'està obligat a portar-li.

24. Els actes de les Administracions Públiques subjectes al dret administratiu:

a) Sempre són immediatament executius.

b) Són immediatament executius tret que es produeixi la suspensió de l'execució de l'acte.

c) Són immediatament executius tret que es produeixi la interrupció de l'execució de l'acte.

d) Encara que una disposició estableixi el contrari, són immediatament executius, sempre que aquesta tingui rang de reglament i no de llei.

25. Les notificacions:

a) S'han de practicar preferentment per mitjans electrònics i, en tot cas, quan l'interessat estigui obligat a rebre-les per aquesta via.

b) S'han de practicar obligatòriament per mitjans electrònics.

c) Les administracions poden practicar les notificacions per mitjans no electrònics quan la notificació s'efectuï en ocasió de la compareixença espontània de l'interessat o el seu representant a les oficines d'assistència en matèria de registre i sol·liciti la comunicació o notificació personal en aquest moment.

d) Són correctes les respostes a) i c).

26. L'òrgan administratiu competent:

a) Ha de notificar públicament sempre i en tot cas l'acte.

b) Ha de publicar sempre i en tot cas l'acte.

c) No ha de publicar un acte si aquest fet pot lesionar interessos legítims, limitant-se a publicar una breu indicació del contingut de l'acte i del lloc on han de comparèixer els interessats.

d) No pot establir una forma de notificació complementaria, s'ha de basar en la publicació en el Diari oficial corresponent.

27. Un vici en un acte administratiu, o si aquest no s'ajusta exactament al que l'ordenament jurídic determina en cada cas, comporta:

a) La nul·litat absoluta o de ple dret de l'acte administratiu.

b) La nul·litat relativa o anul·labilitat d'aquest.

c) La irregularitat de l'acte.

d) Totes les respostes anteriors són correctes.

28. Els actes administratius:

a) Gaudeixen d'una presumpció de validesa.

b) Sempre són vàlids, ho disposa la Llei 39/2015.

c) No poden ser anul·lables.

d) No poden ser nuls.

29. La Llei estableix que l'Administració:

a) Només pot revisar els actes administratius si ho sol·liciten els interessats.

b) Pot revisar els actes administratius sense ser impel·lida pels interessats.

c) No pot revisar d'ofici els seus actes administratius.

d) Són correctes les respostes a) i c).

30. Indiqui la resposta correcta:

a) Llevat que per llei o en el dret de la Unió Europea es disposi un altre còmput, quan els terminis s'assenyalin per hores, s'entén que aquestes són hàbils.

b) Llevat que per llei o en el dret de la Unió Europea es disposi un altre còmput, quan els terminis s'assenyalin per hores, s'entén que aquestes són naturals.

c) Són hàbils les hores del dia que formin part d'un dia hàbil, entre les 9:00 del matí i les 5 de la tarda.

d) Són hàbils les hores del dia que formin part d'un dia hàbil, entre les 8:00 del matí i les 5 de la tarda.

31. D'acord amb la Llei 39/2015:

a) L'Administració Central ha de publicar els dies i l'horari en què han d'estar obertes les oficines que prestin assistència per a la presentació electrònica de documents, per a garantir el dret dels interessats a ser assistits en l'ús de mitjans electrònics.

b) Cada Administració pública ha de publicar els dies i l'horari en què han d'estar obertes les oficines que prestin assistència per a la presentació electrònica de documents, per a garantir el dret dels interessats a ser assistits en l'ús de mitjans electrònics.

c) El registre electrònic ha de permetre presentar documents només les dies hàbils.

d) El registre electrònic ha de permetre presentar documents cada dia menys diumenges i festius.

32. Sobre l'ampliació dels terminis:

a) L'Administració, excepte precepte en contra, pot concedir d'ofici o a petició dels interessats una ampliació dels terminis establerts que no excedeixi la meitat d'aquests, si les circumstàncies ho aconsellen i amb això no es perjudiquen drets de tercer. L'acord d'ampliació s'ha de notificar als interessats.

b) L'ampliació dels terminis pel temps màxim permès s'aplica en tot cas als procediments tramitats per les missions diplomàtiques i oficines consulars, així com a aquells que, substanciats a l'interior, exigeixin completar algun tràmit a l'estranger o en els quals intervinguin interessats residents fora d'Espanya.

c) Tant la petició dels interessats com la decisió sobre l'ampliació s'han de produir, en tot cas, abans del venciment del termini de què es tracti. En cap cas pot ser objecte d'ampliació un termini ja vençut.

d) Totes les respostes anteriors són correctes.

Solució al test n.º 5

1. c) Els actes de l'Administració quan actua com a persona de dret públic.

2. b) Estem davant d'una situació protegida per un acte administratiu.

3. c) Requereixen un acord de voluntats.

4. c) Dictat per una Administració incompetent no és motiu d'impugnació.

5. a) Es vol expressar que actua dotada de les prerrogatives i privilegis que, per raó de l'interès públic que ha de perseguir en tota la seva actuació, li reconeix l'ordenament jurídic.

6. d) Són correctes les respostes a) i c).

7. c) El que es dirigeix a un grup determinat de persones.

8. d) Quan l'Administració al dictar-lo té llibertat en l'emissió d'aquest acte, podent optar entre diverses alternatives que la Llei li ofereix, però sense oblidar que la fi de tota la seva actuació és l'interès general.

9. b) El que sorgeix a l'exterior en virtut del mecanisme del silenci administratiu.

10. a) Territorial, en virtut de la qual cada òrgan administratiu té competència preferentment respecte dels seus iguals, en la circumscripció que se li assigna.

11. a) S'atribueix la competència, dins de l'estructuració dels òrgans de l'Administració, a uns òrgans o altres preferentment respecte als seus superiors o inferiors.

12. a) Es sanciona l'actuació amb l'anul·labilitat.

13. d) Són correctes les respostes a) i b).

14. a) És una manifestació de la forma de l'acte.

15. b) Es pot considerar una forma de terminació presumpta del procediment administratiu.

16. d) Totes les respostes anteriors són correctes.

17. b) Es pot suspendre quan s'hagi d'obtenir un pronunciament previ i preceptiu d'un òrgan de la Unió Europea, pel temps que transcorri entre la petició.

18. a) El venciment del termini màxim sense que s'hagi notificat cap resolució expressa legitima l'interessat o els interessats per entendre-la estimada per silenci administratiu.

19. d) Són correctes les respostes a) i b).

20. b) Són nul·les les resolucions administratives que vulnerin el que estableix una disposició reglamentària.

21. b) Pot cessar temporalment o definitivament.

22. d) Totes les respostes anteriors són correctes.

23. a) Que l'acte que es dicti pugui ser portat a la pràctica i sigui portat.

24. b) Són immediatament executius tret que es produeixi la suspensió de l'execució de l'acte.

25. a) S'han de practicar preferentment per mitjans electrònics i, en tot cas, quan l'interessat estigui obligat a rebre-les per aquesta via.

26. c) No ha de publicar un acte si aquest fet pot lesionar interessos legítims, limitant-se a publicar una breu indicació del contingut de l'acte i del lloc on han de comparèixer els interessats.

27. d) Totes les respostes anteriors són correctes.

28. a) Gaudeixen d'una presumpció de validesa.

29. b) Pot revisar els actes administratius sense ser impel·lida pels interessats.

30. a) Llevat que per llei o en el dret de la Unió Europea es disposi un altre còmput, quan els terminis s'assenyalin per hores, s'entén que aquestes són hàbils.

31. b) Cada Administració pública ha de publicar els dies i l'horari en què han d'estar obertes les oficines que prestin assistència per a la presentació electrònica de documents, per a garantir el dret dels interessats a ser assistits en l'ús de mitjans electrònics.

32. d) Totes les respostes anteriors són correctes.

Les fases del procediment administratiu: iniciació, ordenació i instrucció

1. La Llei 39/2015, d'1 d'octubre, del Procediment Administratiu Comú de les Administracions Públiques:

a) Es centra, bàsicament en la regulació de les relacions *ad extra* de les Administracions Públiques.

b) Es centra, bàsicament en la regulació de les relacions *ad intra* de les Administracions Públiques.

c) Regula exactament el mateix contingut que la derogada Llei 30/1992, de 26 de novembre.

d) Totes les respostes anteriors són incorrectes.

2. Es parla de procediment administratiu comú:

a) Perquè conté els mateixos elements i les mateixes fases que qualsevol altre procediment legal.

b) Única i exclusivament perquè s'aplica a totes les Administracions Públiques.

c) Perquè la llei n'estableix la seva aplicació a totes les Administracions Públiques i respecte a totes les seves actuacions.

d) Perquè arriba a esgota les competències estatal i autonòmiques per a establir especialitats *ratione materiae* o per a concretar certs aspectes.

3. Les Comunitats Autònomes:

a) Ja no tenen competència per a dictar normes de procediment necessàries per a l'aplicació del seu Dret substantiu.

b) Mai han tingut competències per a dictar normes de procediment de cap tipus.

c) Poden dictar les normes de procediment necessàries per a l'aplicació del seu Dret substantiu, sempre que es respectin les regles que integren el concepte de procediment administratiu comú amb caràcter bàsic.

d) Poden dictar les normes de procediment necessàries que considerin necessàries.

4. Indiqui la resposta incorrecta. La Llei de Procediment Administratiu Comú de les Administracions Públiques estableix...:

a) La potestat legislativa de les Administracions.
b) La potestat reglamentaria de les Administracions.
c) La reserva de Llei per a l'establiment de tràmits addicionals o diferents dels considerats en aquesta.
d) Les actuacions i procediments que s'han de regir per la seva normativa específica i supletòriament per dita llei.

5. En relació als interessats en el procediment, la Llei de Procediment Administratiu Comú de les Administracions Públiques:

a) No contempla les especialitats de la capacitat d'obrar en 'àmbit del Dret Administratiu.
b) Estén per primera vegada les especialitats de la capacitat d'obrar als grups d'afectats.
c) Segueix establint les especialitats de la capacitat d'obrar dels patrimonis independents o autònoms quan la Llei ho declari expressament.
d) Totes les respostes anteriors són correctes.

6. Pel que fa a la representació, la Llei de Procediment Administratiu Comú de les Administracions Públiques:

a) Incorpora el nou element de l'apoderament *apud acta* presencial.
b) Incorpora el nou element de l'apoderament *apud acta* electrònic.
c) Incorpora la possibilitat d'acreditació de la seva inscripció en el registre electrònic d'apoderaments de l'Administració Pública o Organisme competent.
d) Totes les respostes anteriors són correctes.

7. La Llei de Procediment Administratiu Comú de les Administracions Públiques:

a) Integra com a especialitats els anteriors procediments especials sobre la potestat sancionadora i la responsabilitat patrimonial de l'Administració.
b) Contempla la possibilitat de varis procediments administratius.
c) Estableix que l'expedient administratiu no es pot digitalitzar.
d) Deroga la tramitació simplificada del procediment administratiu comú.

8. Pel que fa a l'estructura de la Llei de Procediment Administratiu Comú de les Administracions Públiques:

a) El Títol I fa referència als interessats en el procediment.
b) El Títol II fa referència als actes administratius.
c) El Títol IV fa referència a la iniciativa legislativa i de la potestat per a dictar reglaments i altres disposicions.
d) El Títol V fa referència a les disposicions sobre el procediment administratiu comú.

9. La Llei de Procediment Administratiu Comú de les Administracions Públiques:

a) Té per objecte regular els requisits de validesa i eficàcia dels actes administratius.
b) Té per objecte establir i descriure la varietat de procediments administratius que actualment existeixen.
c) No pot regular el procediment sancionador.
d) No pot regular el procediment de reclamació de responsabilitat de les Administracions Públiques.

10. La Llei 39/2015, d'1 d'octubre:

a) Entrà en vigor immediatament, per la seva importància.
b) Entrà en vigor als vint dies des de la seva publicació oficial, com gairebé totes les lleis.
c) Entrà en vigor al cap d'un any des de la seva publicació oficial.
d) Entrà en vigor al cap de dos anys des de la seva publicació oficial.

11. L'Administració, al dictar els actes administratius:

a) Pot actuar al seu lliure albir.
b) Ha de seguir uns tràmits prèviament establerts, que es preveuen com a garantia del ciutadà.
c) No cal que elabori un expedient administratiu.
d) Disposa de l'arbitrarietat, concedida per llei.

12. Els procediments declaratius són:

a) Els que s'orienten a l'elaboració d'una decisió.
b) Els que tendeixen a la realització material d'una decisió anterior ja definitiva.
c) Els que solen tenir una finalitat de tipus tècnic i de caràcter essencialment intern.
d) Totes les respostes anteriors són correctes, ja que són tipus de procediments declaratius.

13. Les fases en què s'estructura el procediment administratiu són:

a) Iniciació, desplegament, terminació i execució.
b) Iniciació, desenvolupament i execució.
c) Principal i execució.
d) Iniciació i execució.

14. Els procediments administratius:

a) Sempre s'inicien d'ofici.
b) Sempre s'inicien a sol·licitud de persona interessada.
c) Poden iniciar-se a sol·licitud de qualsevol tercer.
d) S'inicien sempre d'ofici o a sol·licitud de persona interessada.

15. Un cop iniciat el procediment:

a) L'òrgan administratiu competent per a resoldre pot adoptar, d'ofici o a instància de part i de manera motivada, les mesures provisionals que consideri oportunes per a assegurar l'eficàcia de la resolució que es pugui dictar.
b) L'òrgan administratiu únicament té potestat per a resoldre.
c) L'òrgan administratiu pot adoptar qualsevol mesura provisional.
d) Totes les respostes anteriors són incorrectes.

16. Indiqui quina de les següents mesures no es pot adoptar com a mesura provisional:

a) Suspensió temporal d'activitats.
b) Prestació de fiances.
c) Retirada o intervenció de béns productius o suspensió temporal de serveis per raons de sanitat, higiene o seguretat, el tancament temporal de l'establiment per aquestes o altres causes previstes en la normativa reguladora aplicable.
d) La retenció del processat.

17. Els procediments s'inicien d'ofici:

a) Per acord de l'òrgan competent.
b) Per iniciativa pròpia.
c) Com a conseqüència d'una ordre superior.
d) Totes les respostes anteriors són correctes.

18. S'entén per iniciativa pròpia:

a) L'actuació derivada del coneixement directe o indirecte de les circumstàncies, conductes o fets objecte del procediment per part de l'òrgan que té atribuïda la competència d'iniciació.
b) L'actuació en compliment d'una ordre superior emesa per un òrgan administratiu superior jeràrquic del competent per a iniciar el procediment.
c) La proposta d'iniciació del procediment formulada per qualsevol òrgan administratiu que no té competència per a iniciar-lo i que ha tingut coneixement de les circumstàncies, conductes o fets objecte del procediment ocasionalment o bé perquè té atribuïdes funcions d'inspecció, indagació o investigació.
d) L'actuació de qualsevol persona que posa en coneixement d'un òrgan administratiu l'existència d'un fet determinat que pugui justificar la iniciació d'ofici d'un procediment administratiu.

19. Els documents que els interessats dirigeixin als òrgans de les Administracions Públiques es poden presentar:

a) En el registre electrònic de l'Administració o Organisme al qual es dirigeixin.
b) En les representacions diplomàtiques o oficines consulars d'Espanya a l'estranger.

c) Únicament a les oficines d'assistència en matèria de registres.

d) Són correctes les respostes a) i b).

20. Els documents presentats de manera presencial davant les Administracions Públiques:

a) Han de ser digitalitzats.

b) Han de ser arxivats i guardats en format paper, tal i com s'han lliurat.

c) Es guardaran en el format que determini l'interessat.

d) Es guardaran en el format que determini l'Administració, d'ofici.

21. Als efectes de la Llei 39/2015, s'entén per declaració responsable:

a) El document subscrit per un interessat en què manifesta, sota la seva responsabilitat, que compleix els requisits establerts en la normativa vigent per a obtenir el reconeixement d'un dret o facultat o per exercir-la, que disposa de la documentació que així ho acredita, que la posarà a disposició de l'Administració quan li sigui requerida, i que es compromet a mantenir el compliment de les obligacions anteriors durant el període de temps inherent al reconeixement o exercici esmentat.

b) Qualsevol document que aporti l'interessat en el que es motivi mínimament que compleix els requisits establerts per la normativa vigent.

c) Un document de l'Administració pública que manifesti que l'interessat que compleix els requisits establerts en la normativa vigent per a obtenir el reconeixement d'un dret o facultat o per exercir-la.

d) Són correctes les respostes b) i c).

22. En relació amb l'expedient administratiu:

a) Es el conjunt ordenat de documents i actuacions que serveixen d'antecedent i fonament a la resolució administrativa, així com les diligències encaminades a executar-la.

b) Han de tenir format electrònic i s'han de formalitzar mitjançant l'agregació ordenada de tots els documents, les proves, els dictàmens, els informes, els acords, les notificacions i altres diligències que els hagin d'integrar, així com un índex numerat de tots els documents que contingui quan es remeti.

c) Pot ser que s'hagi de remetre l'expedient electrònic, en tal cas s'ha de fer d'acord amb el que preveuen l'Esquema Nacional d'Interoperabilitat.

d) Totes les respostes anteriors són correctes.

23. El procediment:

a) S'ha d'impulsar d'ofici en tots els seus tràmits i a través de mitjans electrònics, respectant els principis de transparència i publicitat.

b) S'ha d'impulsar a petició de l'interessat en tots els seus tràmits i a través de mitjans electrònics, respectant els principis de transparència i publicitat.

c) En el despatx dels expedients s'han de prioritzar els que l'òrgan que els rep consideri que han de tenir un tractament sumari.

d) Les persones designades com a òrgan instructor o, si escau, els titulars de les unitats administratives que tinguin atribuïda aquesta funció no són responsables directes de la tramitació del procediment, tret que el superior jeràrquic estableixi una altra cosa.

24. D'acord amb el principi de simplificació administrativa:

a) S'han d'acordar en un sol acte tots els tràmits que, per la seva naturalesa, admetin un impuls simultani i no sigui obligat el seu compliment successiu.

b) Un sol òrgan administratiu ha conèixer, sempre i en tot cas, tot el procediment.

c) Els documents aportats han d'estar tan sintetitzats com es pugui, sense aportar documentació complementaria al procediment.

d) Cada interessat únicament pot tenir obert un únic procediment alhora.

25. Els tràmits que hagin d'executar els interessats s'han de realitzar:

a) En el termini de deu dies a partir de l'endemà de la notificació de l'acte corresponent, en tot cas.

b) En el termini de deu dies a partir de l'endemà de la notificació de l'acte corresponent, excepte en el cas en què la norma corresponent fixi un termini diferent.

c) En el termini de vint dies a partir de l'endemà de la notificació de l'acte corresponent.

d) En qualsevol moment del procediment.

26. Indiqui la resposta incorrecta:

a) L'òrgan al qual correspongui la resolució del procediment, quan la naturalesa d'aquest ho requereixi, pot acordar un període d'informació pública.

b) La compareixença en el tràmit d'informació pública no atorga, per si mateixa, la condició d'interessat.

c) Els qui presentin al·legacions o observacions en el tràmit d'informació pública tenen dret a obtenir de l'Administració una resposta raonada.

d) La resposta raonada que doni l'Administració als qui presentin al·legacions o observacions en el tràmit d'informació pública es considera un acte administratiu.

27. Posen fi al procediment administratiu:

a) Únicament la resolució i el desistiment.

b) La resolució, el desistiment i la renúncia al dret, únicament.

c) La resolució, el desistiment i la renúncia al dret i la declaració de caducitat.

d) La resolució i la renúncia i qualsevol altra mecanisme que determini l'Administració pública.

28. Indiqui la resposta correcta:

a) La resolució que posa fi al procediment decideix totes les qüestions plantejades pels interessats i aquelles altres que se'n deriven.

b) La resolució que posa fi al procediment únicament decideix sobre les qüestions principals.

c) Tot i que es tracti de qüestions connexes si aquestes no han estat plantejades pels interessats, l'òrgan competent no es pot pronunciar sobre aquestes.

d) Les resolucions han de contenir la decisió, que si és clara no s'ha de motivar.

29. En els procediments iniciats d'ofici, l'Administració:

a) Pot desistir, motivadament, en els supòsits i amb els requisits que preveuen les Lleis.

b) Pot desistir, motivadament, en tot cas i no es requereix una formalització concreta.

c) Pot renunciar.

d) Són correctes les respostes a) i c).

30. Indiqui la resposta incorrecta:

a) Tot interessat pot desistir de la seva sol·licitud o, quan això no estigui prohibit per l'ordenament jurídic, renunciar als seus drets.

b) Si l'escrit d'iniciació l'han formulat dos o més interessats, el desistiment o la renúncia només afecta aquells que l'hagin formulat.

c) Tant el desistiment com la renúncia es poden fer per qualsevol mitjà que permeti la seva constància, sempre que incorpori les signatures que corresponguin d'acord amb el que preveu la normativa aplicable.

d) El desistiment només es pot sol·licitar de forma presencial a l'Administració pública.

31. Sobre els requisits i efectes de la caducitat, indiqui la resposta incorrecta:

a) En els procediments iniciats a sol·licitud de l'interessat, quan se'n produeixi la paralització per causa imputable a l'interessat, l'Administració l'ha d'advertir que, un cop transcorreguts tres mesos, es produeix la caducitat del procediment.

b) No es pot acordar la caducitat per la simple inactivitat de l'interessat en l'execució de tràmits, sempre que no siguin indispensables per dictar resolució.

c) La inactivitat de l'interessat no afecta al seu dret al tràmit referit.

d) La caducitat no produeix per si sola la prescripció de les accions del particular o de l'Administració, però els procediments caducats no interrompen el termini de prescripció.

Solució al test n.º 6

1. a) Es centra, bàsicament en la regulació de les relacions *ad extra* de les Administracions Públiques.

2. c) Perquè la llei n'estableix la seva aplicació a totes les Administracions Públiques i respecte a totes les seves actuacions.

3. c) Poden dictar les normes de procediment necessàries per a l'aplicació del seu Dret substantiu, sempre que es respectin les regles que integren el concepte de procediment administratiu comú amb caràcter bàsic.

4. a) La potestat legislativa de les Administracions.

5. b) Estén per primera vegada les especialitats de la capacitat d'obrar als grups d'afectats.

6. d) Totes les respostes anteriors són correctes.

7. a) Integra com a especialitats els anteriors procediments especials sobre la potestat sancionadora i la responsabilitat patrimonial de l'Administració.

8. a) El Títol I fa referència als interessats en el procediment.

9. b) Té per objecte establir i descriure la varietat de procediments administratius que actualment existeixen.

10. c) Entrà en vigor al cap d'un any des de la seva publicació oficial.

11. b) Ha de seguir uns tràmits prèviament establerts, que es preveuen com a garantia del ciutadà.

12. a) Els que s'orienten a l'elaboració d'una decisió.

13. a) Iniciació, desplegament, terminació i execució.

14. d) S'inicien sempre d'ofici o a sol·licitud de persona interessada.

15. a) L'òrgan administratiu competent per a resoldre pot adoptar, d'ofici o a instància de part i de manera motivada, les mesures provisionals que consideri oportunes per a assegurar l'eficàcia de la resolució que es pugui dictar.

16. d) La retenció del processat.

17. a) Per acord de l'òrgan competent.

18. a) L'actuació derivada del coneixement directe o indirecte de les circumstàncies, conductes o fets objecte del procediment per part de l'òrgan que té atribuïda la competència d'iniciació.

19. d) Són correctes les respostes a) i b).

20. a) Han de ser digitalitzats.

21. a) El document subscrit per un interessat en què manifesta, sota la seva responsabilitat, que compleix els requisits establerts en la normativa vigent per a obtenir el reconeixement d'un dret o facultat o per exercir-la, que disposa de la documentació que així ho acredita, que la posarà a disposició de l'Administració quan li sigui requerida, i que es compromet a mantenir el compliment de les obligacions anteriors durant el període de temps inherent al reconeixement o exercici esmentat.

22. d) Totes les respostes anteriors són correctes.

23. a) S'ha d'impulsar d'ofici en tots els seus tràmits i a través de mitjans electrònics, respectant els principis de transparència i publicitat.

24. a) S'han d'acordar en un sol acte tots els tràmits que, per la seva naturalesa, admetin un impuls simultani i no sigui obligat el seu compliment successiu.

25. b) En el termini de deu dies a partir de l'endemà de la notificació de l'acte corresponent, excepte en el cas en què la norma corresponent fixi un termini diferent.

26. d) La resposta raonada que doni l'Administració als qui presentin al·legacions o observacions en el tràmit d'informació pública es considera un acte administratiu.

27. c) La resolució, el desistiment i la renúncia al dret i la declaració de caducitat.

28. a) La resolució que posa fi al procediment decideix totes les qüestions plantejades pels interessats i aquelles altres que se'n deriven.

29. a) Pot desistir, motivadament, en els supòsits i amb els requisits que preveuen les Lleis.

30. d) El desistiment només es pot sol·licitar de forma presencial a l'Administració pública.

31. c) La inactivitat de l'interessat no afecta al seu dret al tràmit referit.

TEST N.º 7

El pressupost de la Generalitat de Catalunya: concepte i estructura

1. De les següents, quina és la definició correcta de "pressupost"?

a) Pla comptable escollit per a governar, com a expressió econòmica del pla monetari de la hisenda pública.
b) Pla econòmic escollit per a governar, com a expressió comptable del pla econòmic de la hisenda pública.
c) Desenvolupament econòmic escollit per a governar.
d) Totes les respostes anteriors són incorrectes.

2. Quin dels següents caràcters fa referència al pressupost?

a) Ciutadà.
b) Invers.
c) Temporal.
d) Individual.

3. El pressupost té tres funcions bàsiques. Quina de les següents és CORRECTA?

a) Necessitat de racionalitzar l'assignació dels recursos públics.
b) Instrument perquè la ciutadania pugui controlar-ne l'execució i els resultats.
c) Instrument de coordinació indispensable per assolir les finalitats de la política econòmica dels partits polítics.
d) Cap de les respostes anteriors és correcta.

4. Per quin marc jurídic dels següents es regeix el pressupost de la Generalitat de Catalunya?

a) Constitució catalana.
b) Legislació estatal i programes europeus.
c) Constitució espanyola de 1936.
d) Totes les respostes anteriors són correctes.

5. Quins principis pressupostaris han d'inspirar l'elaboració i execució del pressupost?

a) Principis ciutadans, comptables i de solidaritat.
b) Principis comptables, de legalitat i d'igualtat.
c) Principis econòmics, polítics i monetaris.
d) Principis polítics, comptables i econòmics.

6. Dins dels principis pressupostaris de caràcter polític, hi trobem altres principis. Quin o quins dels següents en pertany a aquesta categoria?

a) De legalitat.
b) D'honestedat.
c) De solidaritat.
d) Totes les respostes anteriors són correctes.

7. Dins dels principis comptables de caràcter polític, hi trobem altres principis. Quin o quins dels següents en pertany a aquesta categoria?

a) D'unitat de barem.
b) D'unitat de caixa.
c) D'unitat tancada.
d) D'unitat exigida.

8. Què és el superàvit?

a) El superàvit es produeix quan els ingressos pressupostaris previstos no cobreixen suficientment la despesa anual autoritzada.
b) El superàvit es produeix quan les despeses pressupostàries previstes cobreixen suficientment la despesa anual autoritzada.
c) El superàvit es produeix quan els ingressos pressupostaris previstos cobreixen suficientment la despesa anual autoritzada.
d) Totes les respostes anteriors són incorrectes.

9. Quin o quins dels següents són objectius de la Llei d'Estabilitat Pressupostària i Sostenibilitat Financera?

a) Garantir la sostenibilitat financera de totes les Administracions Públiques.
b) Enfortir la confiança en l'estabilitat de l'economia catalana.
c) Reforçar el compromís d'Espanya amb Estats Units en matèria d'estabilitat pressupostària.
d) Totes les respostes anteriors són incorrectes.

10. Quin límit no podrà superar l'Administració central en aplicació de la Llei orgànica 2/2012, de 27 d'abril?

a) 50 %.
b) 30 %.

c) 10 %.
d) Cap de les respostes anteriors és correcta.

11. Quines són les classificacions que presenta l'estructura del pressupost?

a) Orgànica i per entitats, comptable i estructural.
b) Orgànica i per entitats; econòmica; i per programes.
c) Orgànica i per entitats; estructural; i per programes.
d) Cap de les respostes anteriors és correcta.

12. Els ingressos no financers es divideixen en dos grups. Quins són?

a) Corrents i de capital.
b) Financers i precedents.
c) Passius i de deute públic.
d) Cap de les respostes anteriors és correcta.

13. Assenyala quin dels següents és un capítol de despesa corrent...:

a) Transferències amb prestació directa.
b) Fons d'avaluació.
c) Remuneracions de personal.
d) Totes les respostes anteriors són correctes.

14. Què és un informe econòmic i financer?

a) Document que descriu la situació i l'evolució de l'economia catalana, així com la situació del sector públic a Catalunya en els seus tres nivells (Administració central, autonòmica i local).
b) Document que descriu, entre altres aspectes, la situació i l'evolució de la població catalana, el seu desenvolupament i les seves aspiracions econòmiques.
c) Document que descriu la situació i l'evolució de la situació del sector privat a Catalunya.
d) Totes les respostes anteriors són correctes.

15. Què recull la memòria d'arrendaments i comptes d'immobles de la Generalitat?

a) La previsió d'arrendaments i compres d'immobles a efectuar per part de la Generalitat durant l'exercici en vigor.
b) La previsió de compra-venda d'immobles a efectuar per part de la Generalitat durant els últims 50 anys.
c) La previsió d'arrendaments i compres d'immobles a efectuar per part de l'Estat espanyol durant l'exercici en vigor.
d) Totes les respostes anteriors són incorrectes.

16. L'exercici pressupostari, ha de coincidir amb l'any natural?

a) No, en cap cas.
b) Sí, però només en cas que sigui determinant per a la bona evolució del programa.
c) Sí, en tots els casos.
d) No, tret que així ho demani l'Administració central de l'Estat espanyol.

17. En relació amb el pressupost de la Generalitat de Catalunya per al 2026, indiqueu quina de les opcions següents és INCORRECTA:

a) L'elaboració dels pressupostos per al 2026 està condicionada al compliment de les regles fiscals que vetllen per la sostenibilitat de les finances publiques, i es presenten en el marc d'uns escenaris pressupostaris pluriennals que han de ser l'eina de planificació i priorització de les polítiques públiques a mitjà i llarg termini.
b) Els pressupostos per al 2026 s'elaboren en un context de reptes globals in-gents i de gran incertesa internacional, tant a causa dels conflictes bèl·lics existents i la nova política aranzelària imposada pels Estats Units com per l'evolució de la inflació i dels tipus d'interès.
c) La priorització en l'assignació de recursos públics ha de contribuir a complir el Pla de Govern de la XV legislatura.
d) A Catalunya, els pressupostos 2026 s'elaboren en un escenari de continuïtat i de compliment flexible de la regla de despesa.

18. Quan es considera que la participació de la Generalitat en una societat mercantil és majoritària?

a) Quan aquesta, directament, té una participació de més d'un 50 % del seu capital o disposa de la majoria de drets de vot en els seus òrgans de govern.
b) Quan aquesta, directament o indirectament, té una participació de més d'un 33 % del seu capital o disposa de la tercera part de drets de vot en els seus òrgans de govern.
c) Quan aquesta, directament o indirectament, té una participació de més d'un 50 % del seu capital o disposa de la majoria de drets de vot en els seus òrgans de govern.
d) Quan aquesta, directament, té una participació de més d'un 40% del seu capital o disposa de la tercera part de drets de vot en els seus òrgans de govern.

19. Amb quin dels següents principis polítics es vincula la pròrroga pressupostària?

a) Claredat.
b) Anticipació.
c) No afectació dels ingressos.
d) Exactitud.

20. En el Capítol 2. Impostos indirectes, de la classificació econòmica dels ingressos, s'imputen...:

a) Ingressos derivats de l'ús privatiu o l'aprofitament especial del domini públic o aquells derivats de la prestació de serveis o realització d'activitats en règim de dret públic.

b) Ingressos derivats de rendes de la propietat o del patrimoni de l'Administració i de les seves activitats realitzades en règim de dret privat.

c) Recursos que l'Administració exigeix sense contraprestació, el fet imposable dels quals està constituït per negocis, actes o fets de naturalesa jurídica o econòmica que posin de manifest la capacitat contributiva del subjecte passiu, com a conseqüència de la circulació de béns o el consum de renda.

d) Recursos que l'Administració exigeix sense contraprestació, el fet imposable dels quals està constituït per negocis, actes o fets de naturalesa jurídica o econòmica que posin de manifest la capacitat contributiva del subjecte passiu, com a conseqüència de la possessió de patrimoni o l'obtenció de renda.

21. Pel que fa a la classificació econòmica del Pressupost, els ingressos procedents de la venda de béns de capital propietat de l'Administració, s'imputen al...:

a) Capítol 7. Transferències de capital (ingressos).
b) Capítol 6. Inversions reals.
c) Capítol 6. Alienació d'inversions reals.
d) Capítol 7. Transferències de capital (despeses).

22. Les despeses derivades d'operacions financeres realitzades per l'Administració, s'imputen al...:

a) Capítol 2. Despeses corrents de béns i serveis.
b) Capítol 3. Despeses financeres.
c) Capítol 8. Variació d'actius financers.
d) Capítol 9. Variació de passius financers.

23. Quina de les següents Àrees de despesa dels pressupostos de la Generalitat NO existeix?

a) Producció de béns públics de caràcter cultural.
b) Fons de contingència.
c) Protecció i promoció social.
d) Foment i regulació de sectors productius.

24. La despesa anual que no es cobreix amb els ingressos previstos és...:

a) El principi d'equilibri pressupostari.
b) El superàvit d'una Administració.

c) El dèficit d'una Administració.

d) El dèficit que es va acumulant al llarg dels anys.

25. Entre la documentació que acompanya als pressupostos de la Generalitat de Catalunya, NO s'hi troba:

a) Informe de perspectiva de gènere.

b) Informe sòcio-econòmic.

c) Informe de perspectiva climàtica i ambiental.

d) Llei d'acompanyament dels pressupostos.

Solució al test n.º 7

1. b) Pla econòmic escollit per a governar, com a expressió comptable del pla econòmic de la hisenda pública.

2. c) Temporal.

3. a) Necessitat de racionalitzar l'assignació dels recursos públics.

4. b) Legislació estatal i programes europeus.

5. d) Principis polítics, comptables i econòmics.

6. a) De legalitat.

7. b) D'unitat de caixa.

8. c) El superàvit es produeix quan els ingressos pressupostaris previstos cobreixen suficientment la despesa anual autoritzada.

9. a) Garantir la sostenibilitat financera de totes les Administracions Públiques.

10. d) Cap de les respostes anteriors és correcta.

11. b) Orgànica i per entitats; econòmica; i per programes.

12. a) Corrents i de capital.

13. c) Remuneracions de personal.

14. a) Document que descriu la situació i l'evolució de l'economia catalana, així com la situació del sector públic a Catalunya en els seus tres nivells (Administració central, autonòmica i local).

15. a) La previsió d'arrendaments i compres d'immobles a efectuar per part de la Generalitat durant l'exercici en vigor.

16. c) Sí, en tots els casos.

17. d) A Catalunya, els pressupostos 2026 s'elaboren en un escenari de continuïtat i de compliment flexible de la regla de despesa.

18. c) Quan aquesta, directament o indirectament, té una participació de més d'un 50 % del seu capital o disposa de la majoria de drets de vot en els seus òrgans de govern.

19. b) Anticipació.

20. c) Recursos que l'Administració exigeix sense contraprestació, el fet imposable dels quals està constituït per negocis, actes o fets de naturalesa jurídica o econòmica que posin de manifest la capacitat contributiva del subjecte passiu, com a conseqüència de la circulació de béns o el consum de renda.

21. c) Capítol 6. Alienació d'inversions reals.

22. b) Capítol 3. Despeses financeres.

23. a) Producció de béns públics de caràcter cultural.

24. c) El dèficit d'una Administració.

25. b) Informe sòcio-econòmic.

La funció pública: les classes d'empleats i empleades públics, l'adquisició i pèrdua de la relació de servei, les situacions administratives. La provisió de llocs de treball i la mobilitat. El règim d'incompatibilitats

1. El Text Refós de l'Estatut Bàsic de l'Empleat Públic entén que és personal al servei de les administracions públiques:

a) Els funcionaris de carrera.
b) El personal laboral i el personal eventual.
c) Els funcionaris interins.
d) Totes les respostes anteriors són correctes.

2. Indiqueu la resposta INCORRECTA. Els funcionaris interins:

a) Són els que, per raons expressament justificades de necessitat i urgència, són nomenats com a tals per a l'exercici de funcions pròpies de funcionaris de carrera.
b) Poden suposar una substitució transitòria dels titulars, durant el temps estrictament necessari.
c) Poden ocupar una vacant en l'execució de programes de caràcter temporal, que no podran tenir una durada superior a sis mesos.
d) Poden ocupar una vacant per excés o acumulació de tasques pel termini màxim de nou mesos, dins un període de divuit mesos.

3. En relació amb els contractats en règim de Dret Laboral del personal laboral de les administracions públiques:

a) Estan subjectes al règim estatutari dels funcionaris públics.
b) Es regulen per la legislació laboral comuna, continguda en bona part al Text Refós de la Llei de l'Estatut dels Treballadors.
c) Es regeixen pel Dret civil, bàsicament el Codi civil.
d) Es regeixen pel Dret mercantil, bàsicament el Codi de comerç.

4. El personal que en virtut de nomenament i amb caràcter no permanent, només realitza funcions expressament descrites com de confiança o assessorament especial, i és retribuït a càrrec dels crèdits pressupostaris consignats per a aquesta finalitat es denomina:

a) Funcionaris de carrera.
b) Funcionaris interins.
c) Funcionaris propis de les entitats locals.
d) Personal eventual.

5. Indiqueu la resposta INCORRECTA. En relació al funcionari de carrera:

a) Cal distingir-lo clarament del funcionari d'ocupació.
b) És nomenat de forma legal per l'autoritat competent.
c) Realitza els serveis de forma permanent.
d) Rep una retribució fixa.

6. En el cas del personal laboral de la Generalitat de Catalunya, la jurisdicció competent és la:

a) Contenciosa-Administrativa.
b) Laboral.
c) Civil.
d) Mercantil.

7. L'article 15 del TRLEBEP assenyala que els empleats i empleades públics tenen el següent dret individual que s'exerceix de forma individual:

a) A la llibertat sindical.
b) A la negociació col·lectiva i a la participació en la determinació de les condicions de treball.
c) A l'exercici de la vaga, amb la garantia del manteniment dels serveis essencials de la comunitat.
d) Totes les respostes anteriors són incorrectes.

8. El dret a la carrera administrativa:

a) No és un dret com a tal.
b) Implica el dret al càrrec.
c) Implica el dret a participar en els concursos per a la provisió de llocs de treball.
d) Totes les respostes anteriors són correctes.

9. El deure de formar-se i perfeccionar-se per tal de complir més bé les funcions encomanades:

a) És una obligació fonamental de tot funcionari, la omissió de la qual implica la pèrdua de la seva condició.
b) Deriva del dret a participar en els concursos per a la provisió de llocs de treball.
c) Deriva del dret a la promoció professional.
d) Deriva del dret a la promoció interna.

10. En quina de les següents normes està desenvolupat el règim d'incompatibi-litats del personal al servei de les administracions públiques?

a) La Llei 53/1984, de 26 de desembre.
b) La Llei 53/1994, de 26 de desembre.
c) La Llei 53/1999, de 26 de desembre.
d) la Llei 53/2009 de 26 de desembre.

11. En l'àmbit de Catalunya, quina regulació és aplicable en matèria d'incom-patibilitats al personal al servei de l'Administració de la Generalitat i dels ens, els organismes i les empreses que en depenen?

a) La Llei 53/1994, de 26 de desembre.
b) La Llei 21/1987, de 26 de novembre.
c) La Llei 21/1997, de 26 de novembre.
d) La Llei 24/1999, de 26 de novembre

12. Indiqueu la resposta INCORRECTA. Seguint l'esquema de la Llei 53/1984:

a) El sistema d'incompatibilitats s'aplica a bona part del personal de l'Administració Institucional.
b) No es podran exercir dos o més llocs de treball, càrrec o activitats en el sector pú-blic, en cap cas.
c) Només es podrà percebre dietes o indemnitzacions per assistència a Consells d'Ad-ministració o òrgans de govern d'Entitats o Empreses Públiques o privades, sense repor-tar cap altre tipus de retribució o remuneració.
d) Es podrà reconèixer compatibilitat per a l'exercici d'activitats privades al personal de les administracions públiques.

13. Serà incompatible l'exercici de la funció pública amb l'exercici de qualsevol càrrec, professió o activitat, pública o privada, que pugui impedir o menyscabar l'estricte compliment dels seus deures o comprometre'n la imparcialitat o indepen-dència. Amb l'excepció de l'activitat derivada:

a) De l'administració del patrimoni personal o familiar.
b) De la producció i creació literària.
c) De la producció científica.
d) Totes les respostes anteriors són correctes.

14. En termes generals, segons la regulació d'incompatibilitats del personal al ser-vei de l'Administració de la Generalitat es consideren subjectes a incompatibilitat:

a) El personal que compatibilitzi aquesta activitat amb una activitat en empresa priva-da, tret que es compleixin els requisits establerts per llei.
b) La participació en seminaris, en cursos o en conferències tinguts en centres oficials destinats a la formació de funcionaris, si no tenen un caràcter permanent o habitual i no superen les setanta-cinc hores anuals.

c) La participació en tribunals o en òrgans de selecció per a l'ingrés en les administracions públiques.

d) La participació en exàmens, en proves o en avaluacions efectuades pel personal docent, si són diferents de les que li corresponen habitualment.

15. No implica una incompatibilitat del personal de l'Administració de la Generalitat:

a) L'exercici del càrrec de president, vocal o membre de les juntes rectores de mutualitats o patronats de funcionaris, sempre que aquell no sigui retribuït.

b) La producció i la creació literàries, artístiques, científiques i tècniques, i també la col·laboració en les publicacions derivades d'aquelles, sempre que no s'originin com a conseqüència d'una relació de treball o de prestació de serveis.

c) La participació ocasional en col·loquis i en programes de qualsevol mitjà de comunicació social, i també la col·laboració i l'assistència ocasional a congressos, seminaris, conferències o cursos de caràcter professional, sempre que no s'originin com a conseqüència d'una relació de treball o de prestació de serveis.

d) Totes les respostes anteriors són correctes.

16. Les remuneracions totals que hom pot percebre per tenir un segon lloc de treball o una segona activitat en el sector públic no poden superar la retribució que li correspon per l'activitat principal, estimada en règim de jornada ordinària, incrementada d'acord amb el percentatge:

a) Un 50%, els funcionaris del Grup A o personal del nivell equivalent.
b) Un 45%, els funcionaris del Grup B o personal del nivell equivalent.
c) Un 40%, els funcionaris del Grup C o personal del nivell equivalent.
d) Un 30%, els funcionaris del Grup D o personal del nivell equivalent.

17. S'entén per remuneració:

a) Qualsevol dret de contingut econòmic derivat directament o indirectament d'una prestació o d'un servei personal.

b) Qualsevol dret de contingut econòmic derivat directament o indirectament d'una prestació o d'un servei personal, excepte si és una quantia variable.

c) Qualsevol dret de contingut econòmic derivat directament o indirectament d'una prestació o d'un servei personal, excepte si és ocasional.

d) Qualsevol dret de contingut econòmic derivat directament o indirectament d'una prestació o d'un servei personal, sempre que sigui una quantia fixa i periòdica.

18. Hom pot autoritzar el personal al servei de l'Administració de la Generalitat i dels ens, els organismes i les empreses que en depenen per a l'exercici d'activitats privades:

a) Sempre i en tot cas.

b) No si es tracta de la pertinença a consells d'administració o a òrgans rectors d'empreses o entitats privades, si l'activitat d'aquestes està directament relacionada amb les que desenvolupi el departament, l'organisme, l'entitat o l'empresa pública en què presta serveis el personal afectat.

c) Sí si es realitza el desenvolupament d'activitats privades, incloses les de caràcter professional.

d) Són correctes les respostes b) i c).

19. Indiqueu la resposta correcta. Es pot reconèixer la compatibilitat per al desenvolupament d'activitats privades:

a) Si hom ocupa un sol lloc de treball en el sector públic en règim de jornada ordinària i no se supera el fet que la suma de jornades de l'activitat pública principal i l'activitat privada no pot superar la jornada ordinària de l'Administració incrementada d'un 10 %.

b) Si el càrrec ocupat en el sector públic requereix la presència efectiva de l'interessat en l'administració pública corresponent durant un horari igual o superior a la meitat de la jornada ordinària, només quan aquest càrrec té la consideració de prestació a temps parcial.

c) Si hom té autoritzada la compatibilitat d'un quart lloc o activitat públics i no superessin entre tots la jornada màxima de l'Administració.

d) Totes les respostes anteriors són correctes.

20. En aplicació de l'art. 10 TRLEBEP, els funcionaris interins són els que, per raons expressament justificades de necessitat i urgència, són nomenats com a tals per a l'acompliment de funcions pròpies de funcionaris de carrera, quan es doni alguna de les següents circumstàncies (assenyaleu l'opció de resposta INCORRECTA):

a) L'existència de places vacants quan sigui possible la seva cobertura per funcionaris de carrera.

b) La substitució transitòria dels titulars, durant el temps estrictament necessari.

c) L'execució de programes de caràcter temporal, que no poden tenir una durada superior a tres anys, ampliable fins a dotze mesos més.

d) L'excés o acumulació de tasques per un termini màxim de nou mesos, dins d'un període de divuit mesos.

21. El tipus de personal que no està subjecte al règim estatutari dels Funcionaris Públics es denomina?

a) Funcionaris de carrera.

b) Funcionaris interins.

c) Personal laboral.

d) Personal eventual.

22. Què diferencia al personal laboral al servei de l'Administració Pública del personal funcionari?

a) La seva relació de serveis està regida pel Dret Laboral.

b) Està vinculat a l'Administració mitjançant un contracte i no per un nomenament.

c) Les respostes A i B són correctes.

d) Totes les respostes són correctes.

23. D'acord amb l'Estatut Bàsic de l'Empleat Públic, el personal laboral, en funció de la durada del contracte, podrà ser...:

a) Fix o temporal.
b) Per temps indefinit, temporal i fix discontinu.
c) Fix, per temps indefinit o temporal.
d) Indefinit o temporal.

24. Són empleats i empleades públics (assenyaleu l'alternativa de resposta CORRECTA):

a) Únicament els funcionaris de carrera i els interins.
b) Exclusivament els funcionaris de carrera, els interins i el personal eventual.
c) Els funcionaris de carrera, els interins, el personal laboral i el personal eventual que realitza funcions de confiança o assessorament especial.
d) Cap de les respostes anteriors és correcta.

25. L'Estatut Bàsic de l'Empleat Públic vigent s'ha aprovat formalment com...:

a) Llei ordinària.
b) Llei orgànica.
c) Reial decret legislatiu.
d) Estatut Marc.

26. Els empleats i empleades públics que no estan subjectes a nomenament són...:

a) Els funcionaris interins.
b) El personal eventual.
c) Els funcionaris de carrera.
d) El personal laboral.

27. El tipus d'empleat públic que és nomenat per cobrir places vacants quan no és possible la seva cobertura per funcionaris de carrera és...:

a) El funcionari interí.
b) El personal laboral fix.
c) El personal laboral temporal.
d) El personal eventual.

28. Fins a l'aprovació de l'Estatut Bàsic de l'Empleat Públic, quina de les següents disposicions va constituir, fins el moment, el nucli essencial de la legislació bàsica de l'Estat en la matèria?

a) La Llei 53/1984, de 26 de desembre, d'incompatibilitats del personal al servei de les administracions públiques.
b) La Llei 9/1987, de 12 de juny, del sistema de representació dels funcionaris públics i la seva participació i negociació col·lectiva per a la determinació de les seves condicions de treball.

c) La Llei 30/1984, de 2 d'agost, de mesures per a la reforma de la funció pública.

d) Totes les respostes anteriors són correctes.

29. En relació a l'Estatut Bàsic de l'Empleat Públic, és INCORRECTE que...:

a) Tingui per objecte establir les bases del règim estatutari dels funcionaris públics inclosos en el seu àmbit d'aplicació i determinar les normes aplicables al personal laboral al servei de les Administracions Públiques.

b) La Llei de delegació que autoritza al Govern l'aprovació d'un text refós en el qual s'integrin, la Llei 7/2007, de 12 d'abril, de l'Estatut Bàsic de l'Empleat Públic, i les disposicions en matèria de règim jurídic de l'ocupació pública contingudes en normes amb rang de llei que l'hagin modificat, és el Reial decret legislatiu 5/2015, de 30 d'octubre.

c) Entre els fonaments d'actuació que recull la norma es troba el desenvolupament i qualificació professional permanent dels empleats i empleades públics.

d) L'Estatut Bàsic de l'Empleat Públic s'aplica al personal funcionari i en el que procedeixi al personal laboral al servei de les Universitats Públiques.

30. Les Administracions Públiques seleccionen el personal:

a) Funcionari, únicament.

b) Laboral, únicament.

c) Funcionari i laboral, d'acord amb la seva oferta d'ocupació pública.

d) Tot tipus de personal a través de qualsevol tipus de contractació.

31. La selecció a través de convocatòria pública ha de garantir:

a) El principi d'igualtat.

b) El principi de mèrit i capacitat.

c) El principi de publicitat.

d) Totes les respostes anteriors són correctes.

32. Indiqueu la resposta INCORRECTA. Per poder participar en els processos selectius caldrà:

a) Tenir la nacionalitat espanyola.

b) Tenir la capacitat funcional per a l'exercici de les tasques.

c) Haver complert divuit anys i no excedir, si és el cas, de l'edat màxima de jubilació forçosa.

d) No haver estat separat mitjançant expedient disciplinari del servei de qualsevol de les Administracions Públiques o dels òrgans constitucionals o estatutaris de les Comunitats Autònomes, ni trobar-se en inhabilitació absoluta o especial per a feines o càrrecs públics per resolució judicial, per a l'accés al cos o escala de funcionari, o per a exercir funcions similars a les que exercien en el cas del personal laboral, en el qual hagués estat separat o inhabilitat.

33. Les Administracions Públiques, en l'àmbit de les seves competències, hauran de preveure la selecció d'empleats i empleades públics degudament capacitats per a cobrir els llocs de treball en les Comunitats Autònomes que gaudeixin:

a) De dues llengües oficials.
b) De les tres llengües cooficials.
c) D'almenys una llengua oficial.
d) D'almenys tres llengües oficials.

34. Indiqueu en quin cas els nacionals d'altres Estats no podran accedir en igualtat de condicions que els espanyols a les feines públiques:

a) A les feines que directament o indirectament impliquin una participació en l'exercici del poder públic.
b) En les funcions que tenen per objecte la salvaguarda dels interessos de l'Estat o de les Administracions Públiques.
c) Les respostes a) i b) són correctes.
d) Totes les respostes anteriors són correctes.

35. Els òrgans de selecció:

a) Sempre seran col·legiats.
b) Sempre tindran dos membres.
c) Poden ser individuals.
d) Poden tenir, com a màxim, deu membres.

36. El concurs de valoració de mèrits:

a) Consisteix en la celebració d'una o més proves per a determinar la capacitat i l'aptitud dels aspirants i fixar-ne l'ordre de prelació.
b) Consisteix en la comprovació i qualificació dels mèrits dels aspirants i en l'establiment del seu ordre de prelació.
c) Consisteix en la celebració successiva del sistema oposició i de mèrits, per determinar quin aspirant s'incorpora.
d) Implica únicament l'aportació del títol acadèmic corresponent.

37. Els processos selectius que incloguin, a més de les proves preceptives de capacitat, la valoració de mèrits dels aspirants, podran atorgar a aquesta valoració una puntuació proporcionada:

a) Que no determinarà per si mateixa, en cap cas, el resultat del procés selectiu.
b) Que no podrà superar el 70%.
c) Que no podrà superar el 75%.
d) Que no podrà superar el 80%.

38. Segons l'article 63 del TRLEBEP, no és una causa de pèrdua de la condició de funcionari de carrera:

a) La renúncia a la condició de funcionari.
b) La pèrdua de la nacionalitat.
c) La sanció disciplinaria lleu.
d) La pena principal o accessòria d'inhabilitació absoluta o especial per a càrrec públic que tingués caràcter ferm.

39. La renúncia voluntària a la condició de funcionari haurà de ser:

a) Manifestada per escrit i serà acceptada expressament per l'Administració, de forma general, tret de les excepcions contemplades per la llei.
b) Manifestada per escrit i serà acceptada expressament per l'Administració, sempre i en tot cas.
c) Pot dur-se a terme de qualsevol forma, sempre que aquesta sigui clara i no pugui conduir a confusió.
d) Manifestada per escrit, però no cal que sigui acceptada expressament per l'Administració.

40. La renúncia a la condició de funcionari no serà acceptada...:

a) Quan el funcionari la sol·liciti per treballar en el sector privat.
b) Quan el funcionari estigui subjecte a expedient disciplinari.
c) L'Administració ha d'acceptar sempre la renúncia a la condició de funcionari.
d) Cap de les respostes anteriors és correcta.

41. En quin d'aquests supòsits de pèrdua de la condició de funcionari NO es podrà concedir la rehabilitació?

a) Renúncia a la condició de funcionari.
b) Jubilació per incapacitat permanent per al servei.
c) Pèrdua de la nacionalitat.
d) La pena principal o accessòria d'inhabilitació per a càrrec públic que tingués caràcter ferm.

42. Segons l'Estatut Bàsic de l'Empleat Públic, quan podrà eximir-se del requisit de la nacionalitat per raons d'interès general per a l'accés a la condició de personal funcionari?

a) Mai podrà eximir-se del requisit de nacionalitat.
b) Podrà eximir-se del requisit de la nacionalitat per Acord del Consell de Ministres.
c) Podrà eximir-se del requisit de la nacionalitat per Acord del Consell de Ministres o dels Consells de Govern autonòmics.
d) Podrà eximir-se del requisit de la nacionalitat només per llei de les Corts Generals o de les Assemblees Legislatives de les comunitats autònomes.

43. Segons l'Estatut Bàsic de l'Empleat Públic, procedirà la jubilació voluntària, sempre que el funcionari reuneixi els requisits i condicions establerts en el Règim de Seguretat Social que li sigui aplicable (assenyaleu l'alternativa de resposta correcta):

a) En arribar als trenta-cinc anys d'antiguitat.
b) A sol·licitud de l'interessat.
c) En arribar als trenta-set anys d'antiguitat.
d) En cap cas.

44. De conformitat amb l'Estatut Bàsic de l'Empleat Públic, assenyaleu, en relació amb l'accés a l'ocupació pública i adquisició de la relació de servei, l'opció INCORRECTA...:

a) Els òrgans de selecció seran col·legiats i la seva composició haurà d'ajustar-se als principis d'imparcialitat i professionalitat dels seus membres, i es tendirà, així mateix, a la paritat entre dona i home.

b) Els nacionals dels Estats membres de la Unió Europea podran accedir sense excepcions, com a personal funcionari, en igualtat de condicions que els espanyols, a les ocupacions públiques.

c) Només en virtut de Llei podrà aplicar-se, amb caràcter excepcional, com a sistema selectiu de funcionari de carrera el concurs, que consistirà únicament en la valoració de mèrits.

d) Els sistemes selectius de funcionaris de carrera seran els d'oposició i concurs-oposició que hauran d'incloure, en tot cas, una o varies proves per determinar la capacitat dels aspirants i establir l'ordre de prelació.

45. En quina de les següents situacions els funcionaris de carrera, seran declarats en servei en altres administracions públiques?

a) Quan accedeixin a la condició de Diputat o Senador de les Corts Generals o membres de les Assemblees Legislatives de les Comunitats Autònomes si perceben retribucions periòdiques per la realització de la funció.

b) Quan siguin designats com a personal eventual per a ocupar llocs de treball amb funcions expressament qualificades de confiança o assessorament polític i no optin per romandre en la situació de servei actiu.

c) Quan en virtut dels processos de transferències o pels procediments de provisió de llocs de treball, obtinguin destinació en una Administració Pública diferent.

d) Quan siguin designats per a formar part del Consell General del Poder Judicial o dels Consells de Justícia de les Comunitats Autònomes.

46. Segons el TR-LEBEP, els funcionaris de carrera podran obtenir l'excedència voluntària per interès particular...:

a) Quan hagin prestat serveis efectius en qualsevol de les Administracions Públiques durant un període mínim de cinc anys immediatament anteriors.

b) Sense el requisit d'haver prestat serveis efectius en qualsevol de les Administracions Públiques.

c) Per atendre i tenir cura de cada fill, tant quan ho sigui per naturalesa com per adopció, o de cada menor subjecte a guarda amb finalitats d'adopció o acolliment permanent.
d) En les mateixes condicions que les víctimes de violència de gènere.

47. La suspensió ferma per sanció disciplinària no podrà excedir de...:

a) Quatre anys.
b) Cinc anys.
c) Sis anys.
d) Vuit anys.

48. La provisió de llocs de treball en cada Administració pública s'ha de portar a terme pels procediments de... (marqueu l'opció INCORRECTA):

a) Concurs.
b) Lliure designació amb convocatòria pública.
c) Concurs-oposició.
d) Cap de les respostes anteriors és correcta.

49. La permuta de llocs de treball...:

a) És un sistema de provisió de llocs de treball de forma ordinària.
b) És un sistema de selecció de llocs de treball.
c) És un sistema de provisió de llocs de treball de forma extraordinària.
d) No és un sistema de provisió de llocs de treball.

50. Indiqueu quin dels següents llocs es proveeixen per concurs general:

a) Cap de negociat, secció, servei i assimilats.
b) Llocs singulars que exigeixin tècniques o responsabilitats especials.
c) Llocs singulars les condicions d'ocupació dels quals tinguin peculiaritats pròpies.
d) Tècnics de gestió.

Solució al test n.º 8

1. d) Totes les respostes anteriors són correctes.

2. c) Poden ocupar una vacant en l'execució de programes de caràcter temporal, que no podran tenir una durada superior a sis mesos.

3. b) Es regulen per la legislació laboral comuna, continguda en bona part al Text Refós de la Llei de l'Estatut dels Treballadors.

4. d) Personal eventual.

5. a) Cal distingir-lo clarament del funcionari d'ocupació.

6. b) Laboral.

7. d) Totes les respostes anteriors són incorrectes.

8. c) Implica el dret a participar en els concursos per a la provisió de llocs de treball.

9. c) Deriva del dret a la promoció professional.

10. a) La Llei 53/1984, de 26 de desembre.

11. b) La Llei 21/1987, de 26 de novembre.

12. b) No es podran exercir dos o més llocs de treball, càrrec o activitats en el sector públic, en cap cas.

13. d) Totes les respostes anteriors són correctes.

14. a) El personal que compatibilitzi aquesta activitat amb una activitat en empresa privada, tret que es compleixin els requisits establerts per llei.

15. d) Totes les respostes anteriors són correctes.

16. c) Un 40%, els funcionaris del Grup C o personal del nivell equivalent.

17. a) Qualsevol dret de contingut econòmic derivat directament o indirectament d'una prestació o d'un servei personal.

18. b) No si es tracta de la pertinença a consells d'administració o a òrgans rectors d'empreses o entitats privades, si l'activitat d'aquestes està directament relacionada amb les que desenvolupi el departament, l'organisme, l'entitat o l'empresa pública en què presta serveis el personal afectat.

19. b) Si el càrrec ocupat en el sector públic requereix la presència efectiva de l'interessat en l'administració pública corresponent durant un horari igual o superior a la meitat de la jornada ordinària, només quan aquest càrrec té la consideració de prestació a temps parcial.

20. a) L'existència de places vacants quan sigui possible la seva cobertura per funcionaris de carrera.

21. c) Personal laboral.

22. d) Totes les respostes són correctes.

23. c) Fix, per temps indefinit o temporal.

24. c) Els funcionaris de carrera, els interins, el personal laboral i el personal eventual que realitza funcions de confiança o assessorament especial.

25. c) Reial decret legislatiu.

26. d) El personal laboral.

27. a) El funcionari interí.

28. d) Totes les respostes anteriors són correctes.

29. b) La Llei de delegació que autoritza al Govern l'aprovació d'un text refós en el qual s'integrin, la Llei 7/2007, de 12 d'abril, de l'Estatut Bàsic de l'Empleat Públic, i les disposicions en matèria de règim jurídic de l'ocupació pública contingudes en normes amb rang de llei que l'hagin modificat, és el Reial decret legislatiu 5/2015, de 30 d'octubre.

30. c) Funcionari i laboral, d'acord amb la seva oferta d'ocupació pública.

31. d) Totes les respostes anteriors són correctes.

32. c) Haver complert divuit anys i no excedir, si és el cas, de l'edat màxima de jubilació forçosa.

33. a) De dues llengües oficials.

34. c) Les respostes a) i b) són correctes.

35. a) Sempre seran col·legiats.

36. b) Consisteix en la comprovació i qualificació dels mèrits dels aspirants i en l'establiment del seu ordre de prelació.

37. a) Que no determinarà per si mateixa, en cap cas, el resultat del procés selectiu.

38. c) La sanció disciplinaria lleu.

39. a) Manifestada per escrit i serà acceptada expressament per l'Administració, de forma general, tret de les excepcions contemplades per la llei.

40. a) Quan el funcionari la sol·liciti per treballar en el sector privat.

41. a) Renúncia a la condició de funcionari.

42. d) Podrà eximir-se del requisit de la nacionalitat només per llei de les Corts Generals o de les Assemblees Legislatives de les comunitats autònomes.

43. b) A sol·licitud de l'interessat.

44. b) Els nacionals dels Estats membres de la Unió Europea podran accedir sense excepcions, com a personal funcionari, en igualtat de condicions que els espanyols, a les ocupacions públiques.

45. c) Quan en virtut dels processos de transferències o pels procediments de provisió de llocs de treball, obtinguin destinació en una Administració Pública diferent.

46. a) Quan hagin prestat serveis efectius en qualsevol de les Administracions Públiques durant un període mínim de cinc anys immediatament anteriors.

47. c) Sis anys.

48. c) Concurs-oposició.

49. c) És un sistema de provisió de llocs de treball de forma extraordinària.

50. d) Tècnics de gestió.

Atenció a la ciutadania i comunicació interpersonal: la comunicació verbal i no verbal, la capacitat d'escolta, la comunicació assertiva i les estratègies d'actuació en situacions difícils. Especificitats de l'atenció telefònica. Serveis de les oficines d'atenció ciutadana

1. Per a aconseguir optimitzar la relació entre l'Administració i la ciutadania, aquella haurà d'esforçar-se en...:

a) Respondre a les necessitats potencials del ciutadà o ciutadana.
b) Actuar de manera senzilla i comprensible per a l'empleat municipal.
c) Empatitzar amb el ciutadà i ciutadana i mostrar-se accessible.
d) Cap de les respostes anteriors és correcta.

2. En la relació entre l'empleat públic i el ciutadà es poden produir desavinences. Aquestes es podran superar sempre que...:

a) Hi hagi voluntat de solucionar la situació.
b) Es tinguin en compte algunes indicacions tècniques i pràctiques a aplicar en les relacions interpersonals.
c) a) i b) són correctes.
d) a) i b) són incorrectes.

3. Les queixes que presenta el ciutadà o ciutadana davant l'Administració, s'han de percebre...:

a) Com un fet negatiu que cal evitar.
b) Com una oportunitat de millora.
c) Cap de les respostes anteriors és correcta.
d) Les respostes a) i b) són correctes.

4. Quina és l'habilitat fonamental per a l'atenció al públic?

a) L'acolliment.
b) El coneixement.
c) La comunicació.
d) La imatge personal.

||||| AUXILIAR ADMINISTRATIU/VA DE LA GENERALITAT DE CATALUNYA

5. En els processos de comunicació humana, es requereix que l'escolta sigui activa i empàtica. Què s'entén per escolta activa?

a) És l'escolta que requereix que la persona que rep un missatge s'identifiqui mental i emocionalment amb la persona que l'emet, en el context concret en el qual es produeix la comunicació.
b) És l'escolta que permet escoltar de manera integral un missatge, parant esment als missatges explícits (la literalitat i significat de la informació transmesa per l'emissor) i als missatges implícits (signes i senyals de comunicació no verbal).
c) És l'escolta que requereix que el receptor d'un missatge es posi en el lloc de l'emissor d'aquest.
d) Cap de les respostes anteriors és correcta.

6. NO constitueix una tècnica per a realitzar una correcta escolta empàtica...:

a) Mantenir-se en el pensament propi.
b) Atendre els signes i senyals no verbals.
c) Advertir emocions presents en la persona.
d) Fer preguntes a l'interlocutor.

7. Quin dels següents constitueix un benefici que proporciona una adequada escolta activa?

a) Fomenta els conflictes interpersonals.
b) Minimitza malentesos i interpretacions errònies.
c) Afebleix les relacions interpersonals.
d) Totes les respostes anteriors són correctes.

8. Què és el que NO ha de fer l'empleat públic en una interacció amb el ciutadà?

a) Utilitzar un to de veu lleugerament baix i acollidor.
b) Respirar profundament si la interacció s'està tornant hostil.
c) Atendre el ciutadà com un més.
d) Utilitzar un llenguatge clar i entenedor.

9. En una interacció interpersonal amb el ciutadà, l'empleat públic...:

a) Haurà d'anticipar-se a les necessitats del ciutadà i ser previsor.
b) Haurà d'esperar que el ciutadà iniciï la salutació i centri el diàleg.
c) Haurà d'aconseguir que el ciutadà arribi a un estat psicològic d'espera/desesperació.
d) No ha de fer res d'especial.

10. El ciutadà "consumidor" de les informacions i decisions procedents dels informadors públics, té la consideració de:

a) Client extern.
b) Client intern.

c) Client preferent.
d) Client immediat.

11. ... és el procés mental consistent a seleccionar, organitzar i interpretar informació amb la finalitat de donar-li un significat:

a) Expectació.
b) Valoració.
c) Imaginació.
d) Percepció.

12. L'expectació:

a) El que una persona creu que pot o ha d'ocórrer.
b) Està condicionada per referències externes o per experiències anteriors.
c) La percepció del servei pot variar les expectatives del client.
d) Totes són correctes.

13. El ciutadà o ciutadana pot tenir diferent comportament, atenent als quals l'informador ha d'actuar de manera diferent. Si un ciutadà té un comportament passiu, ho notarem perquè (assenyaleu l'opció INCORRECTA):

a) No tracta d'influir en la nostra actuació.
b) No manifesta opinió sobre les coses.
c) Dubten a dir el que ells pensen.
d) Físicament, acostumen a moure molt les mans i els braços.

14. Davant un client amb un comportament passiu, l'informador:

a) Ha d'animar-li perquè expressi les seves pròpies necessitats.
b) No ha de fer-li preguntes i deixar que parli, encara que es trigui més temps del normal per a atendre-li.
c) Ha de fer-li alguna pregunta curta i tancada.
d) Ha de negociar amb ell i fer-li sentir que el seu problema li interessa.

15. En tota comunicació intervenen ... elements bàsics:

a) 3.
b) 4.
c) 5.
d) 6.

16. En un procés de comunicació, un dels elements que intervé i que és un element pertorbador, aliè a l'emissor i al receptor, i que pot trencar-lo és:

a) La presència física d'altres persones que observen i escolten.
b) El soroll.

c) L'espai físic fred i poc acollidor.
d) El desordre.

17. La comunicació l'ha d'organitzar l'emissor, i per a això ha de, prèviament:

a) Planificar la comunicació i definir l'objecte del seu missatge.
b) Preveure el comportament del receptor i eliminar els perjudicis personals.
c) Elaborar un missatge clar i senzill.
d) Totes són correctes.

18. El conjunt d'accions verbals i no verbals destinat a obtenir una escolta òptima per part del receptor, és el que es denomina:

a) Escolta efectiva.
b) Escolta activa.
c) Feedback.
d) Fenomen eco (reformulació).

19. Facilitar al nostre interlocutor informació sobre com hem percebut o entès el que ens està comunicant, es denomina:

a) Escolta efectiva.
b) Escolta activa.
c) Feedback.
d) Fenomen eco (reformulació).

20. Són tècniques per a fer efectiva l'escolta activa:

a) Estar preparat sobre el tema que es tracti.
b) Escoltar i resumir les idees bàsiques.
c) Preguntar i prendre notes si fos necessari.
d) Totes són correctes.

21. Són normes del feedback a tenir en compte per a qui les aplica:

a) Referir-se a situacions abstractes i genèriques.
b) Donar informació de forma lenta i pausada.
c) Admetre que també podem equivocar-nos.
d) Mostrar-se distant, evitant actituds que puguin interpretar-se com valoracions morals.

22. La reformulació o fenomen eco, consisteix:

a) En reformular o parafrasejar el que ens diu el client.
b) Facilitar al client informació sobre com hem entès o percebut el seu missatge.
c) Les accions verbals i no verbals que tenen com finalitat donar a entendre al client que li estem escoltant i atenent.
d) Repetir mimèticament el que el client ens està comunicant, donant sensació que li estem entenent.

23. En el procés de comunicació poden ocórrer errors que suposin una barrera al mateix; poden ser:

a) Físics i psicològics.
b) Motors i de caràcter.
c) De falta de preparació o de falta d'atenció.
d) Psicològics i mecànics.

24. Són errors en la comunicació de caràcter mecànic:

a) No saber escoltar.
b) Estar a la defensiva.
c) No vocalitzar adequadament.
d) Adoptar postures físiques incorrectes.

25. Si en el procés de comunicació enviem missatges mal elaborats incorrem en un error:

a) De tipus mecànic.
b) De tipus professional.
c) De tipus psicològic.
d) Totes són correctes.

26. Són tècniques que ajuden a millorar la nostra comunicació quan parlem amb la ciutadania:

a) Organitzar el nostre pensament i expressar-lo amb precisió.
b) Usar frases simples.
c) Parlar amb naturalitat i no utilitzar falques.
d) Totes són correctes.

27. Quan sona el telèfon, l'empleat públic l'ha d'intentar agafar...:

a) De forma immediata.
b) Abans que soni el tercer to.
c) Abans que soni el quart to.
d) Abans que soni el sisè to.

28. L'atenció ciutadana que presta l'Administració de la Generalitat de Catalunya posa a l'abast de la ciutadania l'*accés omnicanal,* que comprèn tres canals d'atenció, amb l'objectiu de facilitar-los l'exercici dels seus drets i el compliment de les seves obligacions en les relacions amb l'Administració de la Generalitat de Catalunya. Indiqueu quin dels següents canals és INCORRECTE:

a) Canal presencial.
b) Canal digital.
c) Canal analògic.
d) Canal telefònic.

29. Indiqueu quina de les següents funcions de les oficines d'atenció ciutadana integrades és CORRECTA:

a) Facilitar informació sobre els serveis i tràmits de l'Administració de la Generalitat exclusivament.

b) Rebre la presentació de sol·licituds, escrits i comunicacions que les persones interessades adrecin exclusivament als òrgans de l'Administració de la Generalitat, i lliurar el rebut corresponent que acrediti la data i hora d'aquesta presentació.

c) Digitalitzar i expedir còpies autèntiques dels documents presentats presencialment per les persones interessades per incorporar-les a l'expedient administratiu electrònic.

d) Atorgar apoderaments *apud acta* a qui tingui la condició de persona interessada en un procediment administratiu i hi comparegui, personalment o telemàticament.

30. Indiqueu quina de les següents NO és una funció dels punts de registre i digitalització:

a) Facilitar a les persones interessades el codi d'identificació de l'òrgan, centre o unitat administrativa al qual adrecin les seves sol·licituds, comunicacions i escrits.

b) Digitalitzar i expedir còpies autèntiques dels documents presentats presencialment per les persones interessades per incorporar-les a l'expedient administratiu electrònic.

c) Rebre la presentació de sol·licituds, escrits i comunicacions que les persones interessades adrecin als òrgans de qualsevol administració, i lliurar el rebut corresponent que acrediti la data i hora d'aquesta presentació.

d) Fer notificacions per compareixença espontània de la persona interessada o de la persona que la representa quan s'hi personi i sol·liciti la comunicació o la notificació personal en aquell moment.

31. En relació amb l'atenció ciutadana, marqueu l'opció INCORRECTA:

a) L'atenció ciutadana que presta l'Administració de la Generalitat de Catalunya posa a l'abast de la ciutadania l'accés *omnicanal*, amb l'objectiu de facilitar-los l'exercici dels seus drets i el compliment de les seves obligacions en les relacions amb l'Administració de la Generalitat de Catalunya.

b) L'accés *omnicanal* comprèn els canals presencial, telefònic i digital.

c) L'Administració de la Generalitat de Catalunya habilita pels mateixos canals formularis per fer consultes, queixes i suggeriments.

d) Cap de les respostes anteriors és correcta.

32. Segons l'art. 39 del Decret 76/2020, de 4 d'agost, d'Administració digital, NO és una denominació correcta dels tipus d'oficina d'atenció ciutadana en l'àmbit de l'Administració de la Generalitat...:

a) Punts de registre i digitalització.

b) Oficines d'assistència en matèria de registre.

c) Oficines d'atenció ciutadana mòbils.

d) Oficines d'atenció ciutadana sectorials.

Solució al test n.º 9

1. c) Empatitzar amb el ciutadà o ciutadana i mostrar-se accessible.

2. c) Les opcions a) i b) són correctes.

3. b) Com una oportunitat de millora.

4. c) La comunicació.

5. b) És l'escolta que permet escoltar de manera integral un missatge, parant esment als missatges explícits (la literalitat i significat de la informació transmesa per l'emissor) i als missatges implícits (signes i senyals de comunicació no verbal).

6. a) Mantenir-se en el pensament propi.

7. b) Minimitza malentesos i malinterpretacions.

8. c) Atendre el ciutadà com un més.

9. a) Haurà d'anticipar-se a les necessitats del ciutadà i ser previsor.

10. a) Client extern.

11. d) Percepció.

12. d) Totes són correctes.

13. d) Físicament, acostumen a moure molt les mans i els braços.

14. a) Ha d'animar-li perquè expressi les seves pròpies necessitats.

15. d) 6.

16. b) El soroll.

17. d) Totes són correctes.

18. b) Escolta activa.

19. c) Feedback.

20. d) Totes són correctes.

21. c) Admetre que també podem equivocar-nos.

22. a) En reformular o parafrasejar el que ens diu el client.

23. d) Psicològics i mecànics.

24. c) No vocalitzar adequadament.

25. a) De tipus mecànic.

26. d) Totes són correctes.

27. b) Abans que soni el tercer truc.

28. c) Canal analògic.

29. c) Digitalitzar i expedir còpies autèntiques dels documents presentats presencial-ment per les persones interessades per incorporar-les a l'expedient administratiu electrònic.

30. d) Fer notificacions per compareixença espontània de la persona interessada o de la persona que la representa quan s'hi personi i sol·liciti la comunicació o la notificació personal en aquell moment.

31. d) Cap de les respostes anteriors és correcta.

32. b) Oficines d'assistència en matèria de registre.

L'Administració digital: seu electrònica i punt d'accés general electrònic. Certificat digital i signatura electrònica. Representació digital. Els registres d'entrada i sortida de documents. La xarxa de suport a l'Administració digital. El Registre electrònic general de l'Administració de la Generalitat de Catalunya

1. Localret és:

a) Una plataforma per interactuar amb la ciutadania o l'Administració pública.
b) Una xarxa d'internet.
c) El Consorci local per al desenvolupament de les xarxes de telecomunicacions i de les noves tecnologies.
d) L'Administració local.

2. El Consorci Administració Oberta de Catalunya es va constituir l'any:

a) 2001.
b) 2002.
c) 2010.
d) 2011.

3. Quina de les següents és una línia de servei a les organitzacions del sector públic?

a) De col·laboració interadministrativa.
b) D'administració electrònica.
c) De signatura electrònica.
d) Totes les respostes anteriors són correctes.

4. Que «les entitats del sector públic han de permetre l'ús dels mitjans electrònics independentment de les opcions tecnològiques escollides pels destinataris i han de promoure l'ús d'estàndards oberts» es correspon amb el/s principi/s de...:

a) Multicanalitat. Simplificació, eficàcia, eficiència i economia.
b) Accessibilitat.

c) Neutralitat tecnològica.
d) Seguretat.

5. Que «les entitats del sector públic han de garantir que l'ús dels mitjans electrònics no ocasioni discriminacions per raó del mitjà emprat o per raó de les discapacitats o les dificultats especials dels destinataris d'aquestes», es correspon amb el principi de:

a) Transparència i participació.
b) Accessibilitat.
c) Cooperació i col·laboració.
d) Neutralitat tecnològica.

6. Que «les entitats del sector públic han de garantir que l'ús dels mitjans electrònics assegura la identitat, la integritat, la conservació i, si escau, la confidencialitat de la informació i les transaccions que es duen a terme emprant mitjans electrònics» es correspon amb el principi de...:

a) Proporcionalitat.
b) Accessibilitat.
c) Proximitat.
d) Seguretat.

7. Que «les entitats del sector públic han de facilitar que l'ús dels mitjans electrònics, per la ciutadania, les faci més properes i adaptades a llurs necessitats, reduint costos i càrregues» es correspon amb el principi de...:

a) Proximitat.
b) Accessibilitat.
c) Qualitat.
d) Neutralitat tecnològica.

8. El punt d'accés electrònic la titularitat del qual correspon a una Administració Pública, organisme públic o entitat de Dret Públic que permet l'accés a través d'internet a la informació publicada i, si escau, a la seu electrònica corresponent, es coneix com:

a) Portal d'internet.
b) Registre electrònic general.
c) Punt d'Accés General Electrònic.
d) Seu electrònica.

9. Les Administracions Públiques es poden identificar mitjançant l'ús d'un/a:

a) Certificat electrònic.
b) Segell electrònic.
c) Signatura electrònica.
d) Codi Segur de Verificació.

10. ...es basa en un certificat electrònic reconegut o qualificat que reuneix els requisits que exigeix la legislació de signatura electrònica:

a) El certificat electrònic.
b) El Codi Segur de Verificació.
c) El segell electrònic.
d) La signatura electrònica.

11. Quina norma regula actualment l'Esquema Nacional de Seguretat?

a) El Reial decret 4/2010, de 8 de gener.
b) El Reial decret 203/2021, de 30 de març.
c) El Reial decret 3/2010, de 8 de gener.
d) El Reial decret 311/2022, de 3 de maig.

12. L'Esquema Nacional d'Interoperabilitat s'ha regulat a través del:

a) Reial decret 3/2010, de 8 de gener.
b) Reial decret 311/2022, de 3 de maig.
c) Reial decret 4/2010, de 8 de gener.
d) Reial decret 203/2021, de 30 de març.

13. En matèria de seguretat de la informació s'ha de tenir en compte un dels principis bàsics següents. Indiqueu quin:

a) Seguretat com a procés integral.
b) Gestió de la seguretat basada en els riscos.
c) Existència de línies de defensa.
d) Totes les respostes anteriors són correctes.

14. Quina de les següents NO és una dimensió de la seguretat:

a) La Disponibilitat.
b) La Integritat.
c) La Confidencialitat.
d) La Relativitat.

15. Una informació o un servei es poden veure afectats en una o més de les seves dimensions de seguretat. Cada dimensió de seguretat afectada s'ha d'adscriure a un:

a) Nivell baix o alt.
b) Nivell baix o mitjà.
c) Nivell baix, mitjà o alt.
d) Nivell baix, mitjà, alt o greu.

16. Quin nivell de seguretat s'aplica quan les conseqüències d'un incident de segu-retat que afecti alguna de les dimensions de seguretat suposin un perjudici greu sobre les funcions de l'organització, sobre els seus actius o sobre els individus afectats?

a) Nivell baix.
b) Nivell mitjà.
c) Nivell alt.
d) Nivell greu.

17. Quin nivell de seguretat s'aplica quan les conseqüències d'un incident de se-guretat que afecti alguna de les dimensions de seguretat suposin un perjudici molt greu sobre les funcions de l'organització, sobre els seus actius o sobre els individus afectats?

a) Nivell baix.
b) Nivell mitjà.
c) Nivell alt.
d) Nivell greu.

18. És la dimensió de la interoperabilitat relativa a la capacitat de les entitats, i dels processos a través dels quals duen a terme les seves activitats, per a col·laborar amb la finalitat d'assolir objectius mútuament acordats relatius als serveis que presten:

a) La interoperabilitat organitzativa.
b) La interoperabilitat semàntica.
c) La interoperabilitat tècnica.
d) La interoperabilitat en el temps.

19. És la dimensió de la interoperabilitat relativa a la interacció entre elements que corresponen a diverses onades tecnològiques; es manifesta especialment en la conservació de la informació en suport electrònic:

a) La interoperabilitat organitzativa.
b) La interoperabilitat semàntica.
c) La interoperabilitat tècnica.
d) La interoperabilitat en el temps.

20. És la dimensió de la interoperabilitat relativa al fet que la informació inter-canviada pugui ser interpretable de manera automàtica i reutilitzable per aplicaci-ons que no van intervenir en la seva creació:

a) La interoperabilitat organitzativa.
b) La interoperabilitat semàntica.
c) La interoperabilitat tècnica.
d) La interoperabilitat en el temps.

21. És la dimensió de la interoperabilitat relativa a la relació entre sistemes i serveis de tecnologies de la informació, incloent-hi aspectes tals com les interfícies, la interconnexió, la integració de dades i serveis, la presentació de la informació, l'accessibilitat i la seguretat, o uns altres de naturalesa anàloga:

a) La interoperabilitat organitzativa.
b) La interoperabilitat semàntica.
c) La interoperabilitat tècnica.
d) La interoperabilitat en el temps.

22. És un document digital que identifica a una persona física amb un parell de claus:

a) El certificat electrònic.
b) La signatura electrònica.
c) El codi segur de verificació.
d) Totes les respostes anteriors son incorrectes.

23. A Catalunya:

a) Es compta amb un Registre electrònic general de l'Administració de la Generalitat de Catalunya.
b) No es compta amb un Registre electrònic general de l'Administració de la Generalitat de Catalunya.
c) S'està creant un Registre electrònic general de l'Administració de la Generalitat de Catalunya.
d) Es compta amb un Registre electrònic de l'Administració de la Generalitat de Catalunya, però no té caràcter general.

24. En l'exercici de la competència en l'actuació administrativa automatitzada, es pot utilitzar, com a sistema de signatura electrònica...:

a) Codi segur de verificació vinculat a l'Administració Pública, òrgan, organisme públic o entitat de Dret Públic.
b) Segell electrònic d'Administració Pública, òrgan, organisme públic o entitat de dret públic, basat en certificat electrònic reconegut.
c) Segell electrònic d'Administració Pública, òrgan, organisme públic o entitat de dret públic, basat en certificat electrònic qualificat.
d) Totes les respostes anteriors són correctes.

25. Què garanteix la Seu electrònica de l'Administració de la Generalitat de Catalunya?

a) La quantitat de la informació que publica i la coherència en la navegació.
b) La possible utilització d'estàndards oberts.

c) La identificació i la comunicació segures mitjançant qualsevol certificat digital.

d) L'aplicació dels principis d'accessibilitat, publicitat oficial, qualitat, seguretat, responsabilitat, disponibilitat, neutralitat, interoperabilitat, proporcionalitat en els mecanismes d'identificació i autenticació, transparència i participació ciutadana, d'acord amb la normativa establerta, i, si escau, els altres que siguin d'ús generalitzat per la ciutadania.

26. Què evita la interoperabilitat?

a) Presentar diferent documentació un cop en administracions diferents.
b) Presentar la mateixa documentació diversos cops en administracions iguals.
c) Presentar la mateixa documentació diversos cops en administracions diferents.
d) Totes les respostes anteriors són correctes.

27. Els apoderaments inscrits en el Registre electrònic de representació de l'Administració de la Generalitat tenen una validesa màxima de... a comptar de la data d'inscripció.

a) Deu anys.
b) Cinc anys.
c) Tres anys.
d) Dos anys.

28. El període de vigència dels certificats qualificats serà com a màxim de:

a) Cinc anys.
b) Deu anys.
c) Quinze anys.
d) Vint anys.

29. La plataforma d'ús comú per a les administracions en la qual les administracions de Catalunya "poden delegar els processos d'autenticació de ciutadans, empreses o entitats que s'hi vulguin relacionar per via telemàtica" es coneix com a...:

a) Validador de credencials d'identitat.
b) Localret.
c) Sistema d'identificador electrònica idCAT.
d) Sistema d'Intercanvi de Registres.

30. Es tracta d'un servei integrat a la plataforma VALid i "es basa en l'enviament de codis d'un sol ús al telèfon mòbil":

a) Validador de credencials d'identitat.
b) Localret.
c) Sistema d'identificador electrònica idCAT.
d) Sistema d'Intercanvi de Registres.

Solució al test n.º 10

1. c) El Consorci local per al desenvolupament de les xarxes de telecomunicacions i de les noves tecnologies.

2. b) 2002.

3. d) Totes les respostes anteriors són correctes.

4. c) Neutralitat tecnològica.

5. b) Accessibilitat.

6. d) Seguretat.

7. a) Proximitat.

8. a) Portal d'internet.

9. b) Segell electrònic.

10. c) El segell electrònic.

11. d) El Reial decret 311/2022, de 3 de maig.

12. c) Reial decret 4/2010, de 8 de gener.

13. d) Totes les respostes anteriors són correctes.

14. d) La Relativitat.

15. c) Nivell baix, mitjà o alt.

16. b) Nivell mitjà.

17. c) Nivell alt.

18. a) La interoperabilitat organitzativa.

19. d) La interoperabilitat en el temps.

20. b) La interoperabilitat semàntica.

21. c) La interoperabilitat tècnica.

22. a) El certificat electrònic.

23. a) Es compta amb un Registre electrònic general de l'Administració de la Generalitat de Catalunya.

24. d) Totes les respostes anteriors són correctes.

25. d) L'aplicació dels principis d'accessibilitat, publicitat oficial, qualitat, seguretat, responsabilitat, disponibilitat, neutralitat, interoperabilitat, proporcionalitat en els mecanismes d'identificació i autenticació, transparència i participació ciutadana, d'acord amb la normativa establerta, i, si escau, els altres que siguin d'ús generalitzat per la ciutadania.

26. c) Presentar la mateixa documentació diversos cops en administracions diferents.

27. b) Cinc anys.

28. a) Cinc anys.

29. a) Validador de credencials d'identitat.

30. c) Sistema d'identificador electrònica idCAT.

La gestió documental a l'Administració de la Generalitat de Catalunya. L'organització dels documents electrònics. La transferència, el préstec i la consulta de documents

1. Dels següents problemes vinculats als documents electrònics, quin es refereix al fet que s'asseguri que la persona que accedeix o signa un document sigui realment qui diu ser?

a) Integritat.
b) Confidencialitat.
c) No repudi.
d) Autenticitat.

2. Comunicar-se amb les Administracions Públiques per mitjans electrònics és:

a) Un deure dels ciutadans.
b) Un dret de les Administracions Públiques.
c) Un dret dels ciutadans.
d) Un dret fonamental dels espanyols, recollit per la Constitució; i, alhora, un deure.

3. Els registres electrònics de les Administracions Públiques han de permetre la presentació de sol·licituds, escrits i comunicacions:

a) Els mateixos dies hàbils que la resta de registres.
b) En l'horari de presència dels funcionaris al seu càrrec.
c) Almenys 12 hores al dia, tots els dies lectius.
d) Tots els dies de l'any durant les 24 hores.

4. En relació amb la utilització dels mitjans electrònics en l'activitat administrativa, els ciutadans tenen dret a:

a) Exigir el canal a través del qual relacionar-se per mitjans electrònics amb les Administracions Públiques.
b) A no aportar les dades i documents que considerin personals.

c) A obtenir còpies electròniques de qualsevol document electrònic en poder de l'Administració Pública.

d) A consultar l'estat de tramitació dels procediments en els quals tinguin la condició d'interessats, en el Punt d'Accés General electrònic de l'Administració.

5. El registre electrònic de cada Administració o Organisme garantirà la constància, en cada seient que es practiqui, d'un número, epígraf expressiu de la seva naturalesa, data i hora de la seva presentació, identificació de l'interessat, òrgan administratiu remitent, si escau, i persona o òrgan administratiu al qual s'envia, i, si escau, referència al contingut del document que es registra. Per a això...:

a) S'emetrà automàticament un rebut consistent en una còpia electrònica del document de què es tracti, incloent la data i hora de presentació i el número d'entrada de registre, així com un rebut acreditatiu d'altres documents que, si escau, l'acompanyin, que garanteixi la integritat i el no repudi d'aquests.

b) S'emetrà automàticament un rebut consistent en una còpia autenticada del document de què es tracti, incloent la data i hora de presentació i el número d'entrada de registre, així com un rebut acreditatiu d'altres documents que, si escau, l'acompanyin, que garanteixi la integritat i el no repudi d'aquests.

c) S'emetrà automàticament un rebut consistent en una còpia autèntica del document de què es tracti, incloent la data i hora de presentació i el número d'entrada de registre, així com un rebut acreditatiu d'altres documents que, si escau, l'acompanyin, que garanteixi la integritat i el no repudi d'aquests.

d) Cap de les respostes anteriors és correcta.

6. ... podran triar en tot moment si es comuniquen amb les Administracions Públiques per a l'exercici dels seus drets i obligacions a través de mitjans electrònics o no, tret que estiguin obligades a relacionar-se a través de mitjans electrònics amb les Administracions Públiques.

a) Els qui exerceixin una activitat professional per a la qual es requereixi col·legiació obligatòria, per als tràmits i actuacions que realitzin amb les Administracions Públiques en exercici d'aquesta activitat professional.

b) Les persones físiques.

c) Els empleats de les Administracions Públiques per als tràmits i actuacions que realitzin amb elles per raó de la seva condició d'empleat públic.

d) Les entitats sense personalitat jurídica.

7. Assenyaleu l'opció INCORRECTA. En tot cas, les disposicions de creació de registres electrònics especificaran...:

a) L'òrgan o unitat responsable de la seva gestió.

b) La data i hora oficial.

c) Els dies declarats com a inhàbils.

d) Els mitjans electrònics permesos.

8. Les persones, en les seves relacions amb les Administracions Públiques, tenen reconegut el dret a...:

a) L'obtenció i utilització dels mitjans d'identificació i signatura electrònica previstos en la Llei 11/2007, de 22 de juny, d'accés electrònic dels ciutadans als serveis públics.

b) Ser tractats amb respecte i deferència per les autoritats i empleats públics, que els podran facilitar l'exercici dels seus drets i el compliment de les seves obligacions.

c) A utilitzar qualsevol de les llengües oficials a Espanya.

d) A ser assistits en l'ús de mitjans electrònics en les seves relacions amb les Administracions Públiques.

9. En relació amb el règim jurídic dels Registres establert per l'art. 16 de la Llei 39/2015, d'1 de juliol, assenyaleu l'alternativa de resposta CORRECTA:

a) Els assentaments s'anotaran respectant l'ordre temporal de recepció o sortida dels documents, i indicaran la data del dia en què es produeixin.

b) Conclòs el tràmit de registre, els documents seran cursats als seus destinataris i a les unitats administratives corresponents des del registre en què haguessin estat rebudes.

c) Els registres electrònics de totes i cadascuna de les Administracions, podran ser plenament interoperables, de manera que es garanteixi la seva compatibilitat informàtica i interconnexió, així com la transmissió telemàtica dels assentaments registrals i dels documents que es presentin en qualsevol dels registres.

d) Els interessats digitalitzaran els documents que presentin de manera presencial davant les Administracions Públiques.

10. La documentació administrativa que, un cop conclosa la tramitació ordinària, no és usada de manera habitual per la unitat que la va produir en la seva activitat es troba en fase...:

a) Activa.

b) Semiactiva.

c) Inactiva.

d) Històrica.

11. El conjunt d'operacions i tècniques, integrades en la gestió administrativa general, que, basades en l'anàlisi de la producció, tramitació i valor de la documentació, s'adrecen a la planificació, el control, l'ús, la conservació i la transferència o eliminació de la documentació amb l'objectiu de racionalitzar-ne i unificar-ne el tractament i aconseguir-ne una gestió eficaç i rendible, rep la denominació de...:

a) Documentació administrativa de la Generalitat de Catalunya.

b) Sistema general de gestió de la documentació administrativa de la Generalitat de Catalunya.

c) Conjunt de procediments administratius de la Generalitat de Catalunya.

d) Expedients administratius de la Generalitat de Catalunya.

12. Són arxius de gestió...:

a) Els constituïts per la documentació semi-activa que utilitza freqüentment el departament o ens que l'ha generada o rebuda.

b) Els arxius que acullen la documentació semi-activa que és objecte d'utilització administrativa molt infreqüent.

c) Els arxius que acullen la documentació històrica, que, transcorreguda la seva vigència administrativa i prèvia aplicació de l'avaluació i tria corresponent, s'ha de conservar permanentment.

d) Els constituïts per la documentació activa de la unitat administrativa que l'ha generada o rebuda.

13. La documentació ha de romandre en l'arxiu de gestió...:

a) Un màxim de cinc anys des de la seva generació o recepció, excepte en aquells supòsits que passat aquest termini encara sigui activa.

b) Com a norma general, fins al quinzè any d'haver estat generada o rebuda pel departament o ens.

c) Com a màxim fins als trenta anys d'haver estat generada o rebuda pel departament o ens corresponent.

d) Cap de les respostes anteriors és correcta.

14. La documentació ha de romandre en l'arxiu central administratiu...:

a) Un màxim de cinc anys des de la seva generació o recepció, excepte en aquells supòsits que passat aquest termini encara sigui activa.

b) Com a norma general, fins al quinzè any d'haver estat generada o rebuda pel departament o ens.

c) Com a màxim fins als trenta anys d'haver estat generada o rebuda pel departament o ens corresponent.

d) Cap de les respostes anteriors és correcta.

15. La documentació ha de romandre en la fase semi-activa...:

a) Un màxim de cinc anys des de la seva generació o recepció, excepte en aquells supòsits que passat aquest termini encara sigui activa.

b) Com a norma general, fins al quinzè any d'haver estat generada o rebuda pel departament o ens.

c) Com a màxim fins als trenta anys d'haver estat generada o rebuda pel departament o ens corresponent.

d) Cap de les respostes anteriors és correcta.

16. La gestió de documents electrònics de la Generalitat de Catalunya es basa en l'obligació i la responsabilitat de l'Administració d'impulsar la transformació i la simplificació administrativa i documental. Indiqueu quin dels següents principis que la guien es correspon amb el principi de transformació:

a) Totes les persones al servei de l'Administració de la Generalitat de Catalunya són responsables de gestionar adequadament els documents electrònics que es reben, produeixen i gestionen en el seu àmbit competencial.

b) L'Administració de la Generalitat de Catalunya aposta per la simplificació administrativa, que inclou la simplificació documental, la qual suposa l'eliminació dels documents prescindibles en la tramitació i la seva substitució per la consulta de dades o documents disponibles.

c) La gestió de documents abasta tots els aspectes relacionats amb el document: des del seu disseny i creació, fins als processos de control que permeten la utilització i la conservació dels documents durant el temps necessari.

d) L'Administració de la Generalitat de Catalunya promou la substitució dels documents en suport paper pels documents electrònics, i evita la doble gestió de suports.

17. Els documents s'han de gestionar en sistemes informàtics que en permetin l'ús i l'accés independentment de les opcions tecnològiques escollides pels destinataris. Aquest principi es denomina...:

a) Perdurabilitat.
b) Multicisciplinarietat.
c) Neutralitat tecnològica.
d) Transparència i disponibilitat.

18. Segons el principi de seguretat...:

a) Les entitats del sector públic han de garantir que l'ús dels mitjans electrònics assegura la identitat, la integritat, la conservació i, si escau, la confidencialitat de la informació i les transaccions que es duen a terme emprant mitjans electrònics.

b) En les decisions sobre la gestió dels documents electrònics, hi són implicats representants d'unitats administratives amb funcions diferents, que inclouen, com a mínim, la gestió documental i arxiu, les tecnologies de la informació i comunicació i l'organització.

c) Comporta assolir els objectius perseguits amb el mínim de recursos possible en la gestió dels documents electrònics.

d) Implica l'aprofitament dels recursos disponibles i l'eliminació efectiva d'aquells documents que han complert el seu termini de conservació establert a les taules d'avaluació i accés documental.

19. En relació amb les còpies electròniques, marqueu l'opció CORRECTA:

a) La còpia autèntica d'un document ha de ser generada per qui custodia l'original i ha d'acreditar l'autenticitat de les dades que s'hi contenen.

b) La compulsa electrònica d'un document aportat per una persona s'ha de fer al registre amb la finalitat que l'original es quedi a l'Administració.

c) La compulsa electrònica acredita l'autenticitat del document original.

d) La compulsa electrònica no acredita la coincidència entre la còpia efectuada i el document original aportat.

20. La llista estandarditzada de tipus documentals, amb quin dels següents instruments tècnics es correspon?

a) Quadre de classificació funcional.

b) Quadre de tipus documentals.

c) Esquema de metadades de gestió documental.

d) Taules d'avaluació i accés documental.

21. Els documents amb caràcter d'originals en suport paper que hagin estat digitalitzats d'acord amb el Decret 76/2020, del 4 d'agost, s'han de destruir si compleixen determinats requeriments. Indiqueu quin dels següents és INCORRECTE:

a) Que estigui establert el període de conservació d'aquesta documentació en una taula d'accés i avaluació documental o en un acord de la Comissió Nacional d'Accés, Avaluació i Tria Documental.

b) Que es disposi d'un gestor documental, o d'un sistema d'informació integrat a la solució corporativa de gestió documental i arxiu, en el qual dipositar els documents digitalitzats.

c) Que s'incorporin directament els documents digitalitzats i els expedients corresponents a la solució d'arxiu electrònic corporatiu de l'Administració de la Generalitat.

d) Cap de les respostes anteriors és correcta.

22. El termini per destruir els documents a què fa referència la pregunta anterior és, amb caràcter general...:

a) D'un mes a comptar de la digitalització, a excepció que l'òrgan responsable de la gestió documental i arxivística estableixi un altre termini.

b) De dos mesos a comptar de la digitalització, a excepció que l'òrgan responsable de la gestió documental i arxivística estableixi un altre termini.

c) De tres mesos a comptar de la digitalització, a excepció que l'òrgan responsable de la gestió documental i arxivística estableixi un altre termini.

d) De sis mesos a comptar de la digitalització, a excepció que l'òrgan responsable de la gestió documental i arxivística estableixi un altre termini.

23. Als efectes de la Llei 10/2001, de 13 de juliol, són documents públics aquells que produeixen o reben en l'exercici de les seves funcions... (marqueu l'opció INCORRECTA):

a) Els òrgans amb seu a Catalunya de la Unió Europea i d'institucions públiques internacionals.

b) Les persones i les entitats privades que exerceixen funcions públiques, en allò que fa referència a aquestes funcions.

c) Els fedataris i els registres públics.

d) Les empreses i les institucions privades concessionàries de serveis públics, en allò que fa referència a les seves activitats empresarials.

24. La documentació administrativa que, un cop conclosa la vigència administrativa, posseeix valors primordialment de caràcter cultural o informatiu, es troba en...:

a) Fase activa.

b) Fase semi-activa.

c) Fase històrica.

d) Fase post-activa.

25. Indiqueu quin departament de la Generalitat representa l'autoritat normativa del conjunt del Sistema d'Arxius de Catalunya i lidera l'impuls de la implementació dels projectes de gestió documental en el si de l'Administració de la Generalitat:

a) Departament de Recerca i Universitats.

b) Departament de Presidència.

c) Departament d'Unió Europea i Acció Exterior.

d) Departament de Cultura.

Solució al test n.º 11

1. d) Autenticitat.

2. c) Un dret dels ciutadans.

3. d) Tots els dies de l'any durant les 24 hores.

4. d) A consultar l'estat de tramitació dels procediments en els quals tinguin la condició d'interessats, en el Punt d'Accés General electrònic de l'Administració.

5. b) S'emetrà automàticament un rebut consistent en una còpia autenticada del document de què es tracti, incloent la data i hora de presentació i el número d'entrada de registre, així com un rebut acreditatiu d'altres documents que, si escau, l'acompanyin, que garanteixi la integritat i el no repudi d'aquests.

6. b) Les persones físiques.

7. d) Els mitjans electrònics permesos.

8. d) A ser assistits en l'ús de mitjans electrònics en les seves relacions amb les Administracions Públiques.

9. a) Els assentaments s'anotaran respectant l'ordre temporal de recepció o sortida dels documents, i indicaran la data del dia en què es produeixin.

10. b) Semiactiva.

11. b) Sistema general de gestió de la documentació administrativa de la Generalitat de Catalunya.

12. d) Els constituïts per la documentació activa de la unitat administrativa que l'ha generada o rebuda.

13. a) Un màxim de cinc anys des de la seva generació o recepció, excepte en aquells supòsits que passat aquest termini encara sigui activa.

14. b) Com a norma general, fins al quinzè any d'haver estat generada o rebuda pel departament o ens.

15. c) Com a màxim fins als trenta anys d'haver estat generada o rebuda pel departament o ens corresponent.

16. d) L'Administració de la Generalitat de Catalunya promou la substitució dels documents en suport paper pels documents electrònics, i evita la doble gestió de suports.

17. c) Neutralitat tecnològica.

18. a) Les entitats del sector públic han de garantir que l'ús dels mitjans electrònics assegura la identitat, la integritat, la conservació i, si escau, la confidencialitat de la informació i les transaccions que es duen a terme emprant mitjans electrònics.

19. a) La còpia autèntica d'un document ha de ser generada per qui custodia l'original i ha d'acreditar l'autenticitat de les dades que s'hi contenen.

20. b) Quadre de tipus documentals.

21. d) Cap de les respostes anteriors és correcta.

22. c) De tres mesos a comptar de la digitalització, a excepció que l'òrgan responsable de la gestió documental i arxivística estableixi un altre termini.

23. d) Les empreses i les institucions privades concessionàries de serveis públics, en allò que fa referència a les seves activitats empresarials.

24. c) Fase històrica.

25. d) Departament de Cultura.

TEST N.º 12

Documentació administrativa: estructura i criteris de redacció de la carta, el certificat, la citació, la diligència, la notificació i la sol·licitud. Els usos no sexistes ni discriminatoris de la llengua en el llenguatge administratiu

1. Els trets definitoris dels llenguatges d'especialitat són la formalitat i la funcionalitat. Indiqueu quina de les següents és una característica de la funcionalitat:

a) Comporta que els textos s'hagin de redactar en un to neutre i impersonal, fent prevaler els òrgans davant les persones i defugint de tots els elements lingüístics que puguin denotar un excés d'expressivitat.

b) Cal que prevalgui l'objectivitat sobre la subjectivitat, i que es mantingui sempre el ple respecte a les persones.

c) Està relacionada amb la necessitat de buscar sempre la màxima precisió, concisió i claredat en els textos, a fi que els missatges siguin ben entesos pels destinataris.

d) Té a veure amb el caràcter oficial i representatiu dels textos tècnics, amb la necessitat que té aquest tipus de llenguatge d'adaptar-se a un gran ventall de possibles destinataris i amb el caràcter vinculant que tenen, per a tots ells, les decisions que s'hi expressen.

2. La precisió dels textos en el procés comunicatiu...:

a) Comporta fer un esforç per destacar la informació important i prescindir de la que no ho és.

b) Ens demana que tendim a utilitzar un llenguatge accessible.

c) Requereix que s'evitin sempre les ambigüitats i que s'utilitzi els termes de forma unívoca.

d) Totes les respostes anteriors són correctes.

3. D'entre les normes generals que convé tenir sempre presents a l'hora de redactar documents dins de l'àmbit d'actuació administrativa NO es troba...:

a) El redactor pot judicar o qualificar els fets o les idees.

b) Els textos s'han de redactar amb un alt grau de formalitat i amb la varietat estàndard de la llengua i s'han d'evitar l'ús d'expressions poc formals o de contingut emotiu.

c) No s'ha de pressuposar que el destinatari de la informació coneix cert tipus de dades que poden ajudar a comprendre l'escrit.

d) El redactor es limita a comunicar, explicar, etc., narrar amb objectivitat i imparcialitat els fets, excepte que la finalitat del document sigui qualificar-los o valorar-los.

4. Trieu l'opció de redacció que us sembli més correcta:

a) Aquest sistema implica, sens dubte, un important ajornament de la possibilitat d'obtenir una decisió judicial, mitjançant un autèntic procés i davant d'una instància neutral i independent, fet que és especialment greu si es té en compte que els actes administratius comencen a produir efectes en la data en què es dicten, sense que el recurs serveixi per si sol per aturar o paralitzar aquesta immediata eficàcia, que només excepcionalment pot ser suspesa.

b) Tot això ens condueix a una de les prioritats de la planificació territorial actual, que és la necessitat d'establir una coordinació de la planificació entre els diferents nivells d'administració, de manera que cada nivell s'asseguri que el planejament que prové de l'exercici de les seves competències, o bé es fruit d'un consens o bé permet desenvolupar les determinacions pròpies del planejament d'un altre nivell d'administració o, encara millor, prové de l'encaix de tots dos fets alhora.

c) L'accés a un servei públic ha de respectar el principi d'igualtat que està en la base de tot servei d'aquesta mena, igualtat que té un caire relatiu, ja que s'actua sobre grups o categories de persones i, per tant, el servei està subjecte al compliment per part dels mateixos dels requisits que en cada cas estiguin previstos en atenció a la naturalesa del servei.

d) Aquesta zona, com la que hem mencionat en l'anterior apartat, es caracteritza per comptar amb un seguit de limitacions geogràfiques, com ara els pendents o la climatologia. Aquestes limitacions condicionen fortament la producció agrària i la seva viabilitat, i per això la rendibilitat de la superfície agrària útil és molt baixa: al voltant dels 470 € per hectàrea. Actualment també condicionen la producció turística.

5. Trieu l'opció de redacció que us sembli més correcta:

a) Jo vaig arribar en el moment que saludava la cap de departament l'assistenta social.

b) Més efectius de la policia demanem per a alguns actes.

c) La cap de departament va trucar a l'assistenta social.

d) Finalment ha estat votada pel Parlament aquella llei polèmica.

6. Trieu l'opció de redacció que us sembli més correcta:

a) Formulo reclamació prèvia contra la resolució que va ser signada per la directora general el passat 2 de setembre, referent a la meva petició de jubilació voluntària.

b) Sense més temes en l'ordre del dia, la gerent aixeca la sessió, de la qual, com a secretari estenc aquesta acta.

c) Us trameto aquests documents perquè siguin signats per la cap de Secció i, seguidament, me'ls retorneu.

d) És imprescindible que tots els certificats sobre el projecte siguin tramesos a l'Ajuntament al més aviat possible, per tal que la sol·licitud de la subvenció entri dins el termini estipulat.

7. Trieu l'opció de redacció que us sembli més correcta:

a) La realització del nou servei d'atenció telefònica ha tingut molt bona acollida.

b) Heu de portar el vostre DNI i, si s'escau, el del vostre cònjuge.

c) En motiu que he estat exclòs de la pròxima prova selectiva, he decidit sol·licitar la revisió del meu examen.

d) Us convoco a la reunió per estudiar el projecte de recollida de residus urbans.

8. Trieu l'opció de redacció que us sembli més correcta:

a) Us convoco a la reunió per estudiar la configuració del projecte de recollida de residus urbans.

b) El nou servei d'atenció telefònica ha tingut molt bona acollida.

c) Tant aviat la policia va arribar, va efectuar el control del trànsit.

d) Un cop obert el torn de paraules, la directora va procedir a expressar la seva opinió sobre la nova proposta d'atenció domiciliària.

9. Trieu l'opció de redacció que us sembli més correcta:

a) Tal com demaneu en la vostra nota de referència, us trametem l'expedient del senyor Pi i del senyor Collado.

b) Amb relació a aquest tema, lamento comunicar-vos que no vam rebre la carta dels gerents i de tots els que són els seus assessors.

c) Per entrar en el recinte és imprescindible que porteu la vostra targeta identificativa i que espereu el vostre torn.

d) El personal funcionari haurà d'atenir-se necessàriament a aquesta normativa i a totes les obligacions que se'n derivin.

10. Trieu l'opció de redacció que us sembli més correcta:

a) D'acord amb la vostra sol·licitud del dia 4 de setembre, us trameto l'informe sobre el local i les reclamacions que s'hi refereixen, per tal que prosseguiu amb el tràmit oportú.

b) Vostè ha d'acceptar la sentència encara que vostè no estigui d'acord amb ella.

c) Tal com us vaig comunicar el dia 25 de juny, us faig arribar la meva reclamació. En ella exposo el meu punt de vista sobre l'assumpte que m'afecta.

d) L'esmentat llibre explica la història de la Fundació i dels organismes que depenen d'aquesta.

11. Trieu l'opció de redacció que us sembli més correcta:

a) Considero que cal contractar la Sra. Lozano perquè va col·laborar en l'obertura d'aquest centre, coneixent-ne el funcionament.

b) L'esmentat senyor va trencar un vidre de la porta d'entrada amenaçant el personal.

c) El nostre grup de treball ha estat investigant durant quatre anys sobre la malaltia i hem aconseguit resultats molt positius pel que fa al seu tractament.

d) La directora va anul·lar la reunió, notificant-ho el secretari a tots els convocats.

12. Trieu l'opció de redacció que us sembli més correcta:

a) En demanar la paraula el diputat, els mitjans de comunicació van preparar ràpidament els micròfons.

b) He rebut la teva carta en què em fas saber que et jubiles, convidant-me al sopar del teu comiat.

c) El sindicat impugnarà el concurs, en considerar que s'exigeixen uns requisits desmesurats.

d) El nostre grup de treball ha estat investigant durant quatre anys sobre la malaltia, aconseguint resultats molt positius pel que fa al seu tractament.

13. Trieu l'opció de redacció que us sembli més correcta:

a) Si ja heu treballat en el nostre sector, no heu de presentar el títol. Si ho heu fet durant els últims sis mesos, tampoc heu de presentar la resta de documents.

b) Malgrat el que digui l'oposició, aquesta llei no és inefectiva.

c) Només admetrem les sol·licituds dels aspirants que hagin presentat la documentació preceptiva.

d) No es pot demanar visita per a l'assistent social si a recepció no s'ha presentat la targeta de pensionista.

14. Trieu l'opció de redacció que us sembli més correcta:

a) I, perquè així consti i als efectes adients, signo el present certificat.

b) Per reduir les despeses de tramesa, hem decidit enviar les relacions de telèfons i els fullets informatius ensems.

c) L'informe que us faig a mans descriu clarament les característiques del barri, social, política i econòmicament.

d) El projecte de llei que els parlamentaris han iniciat aquesta setmana preveu molts aspectes que ens afectaran plenament.

15. Trieu l'opció de redacció que us sembli més correcta:

a) Us informo que no vaig assistir a la inauguració doncs no se m'havia comunicat.

b) Retorno l'original de la resolució i suplico se'm faciliti còpia.

c) Hi havia un excés de feina, així mateix la responsable em va permetre gaudir del dia de lleure que havia sol·licitat.

d) Per tot el que he exposat demano que se'm concedeixi el trasllat als serveis territorials de Tarragona.

16. Trieu l'opció de redacció que us sembli més correcta:

a) Us enviaré el qüestionari el dia 28 d'agost per tenir-lo a punt quan us el demani.

b) Com que l'afluència d'usuaris era excessiva, van incrementar el personal a les hores més conflictives.

c) Vist la seva sol·licitud, us comuniquem no podem admetre-la degut que hi falta la seva signatura.

d) Per exemple donaré detalls de les mancances més significatives en el nostre camp, com és ara el desconeixement de les noves tecnologies en el cas que us descric, així com el reduït pressupost de què disposem, en particular en el camp d'infraestructures, alhora que la nostra professió no gaudeix d'un bon reconeixement social.

17. Per buscar la cohesió del text, és a dir, constatar que cada frase s'adequa a la interpretació de la resta d'oracions prèvies del discurs, cal comprovar...:

a) Que les idees s'han ordenat tenint present què sap i què no sap el destinatari del text i les seves possibles reaccions.

b) Que hi ha continuïtat entre les idees exposades, sense desequilibris ni contrasentits.

c) Que el pas d'un paràgraf a un altre respon a una evolució en el discurs.

d) Que cap concepte queda ambigu.

18. Quina funció té la correspondència administrativa?

a) Funció de demanar la presència d'una persona en un lloc i en una data.

b) Funció de constatar o acreditar fets que es poden demostrar, ja que consten en arxius, registres, llibres d'actes, etc.

c) Funció de comunicació escrita entre persones, tant si es tracta de documents estrictament oficials o que incorporen actes jurídics com si es tracta de documents de tipus més personal o de caràcter no administratiu.

d) Presenten fets sobre una matèria determinada i poden incloure-hi arguments de caràcter normatiu i valoracions prèvies a la decisió final.

19. Amb quin dels següents documents s'inicia el procediment administratiu?

a) Carta.

b) Notificació.

c) Citació.

d) Sol·licitud.

20. En els documents signats electrònicament, per què l'expressió de la localitat en el peu de signatura ha esdevingut irrellevant?

a) Només cal explicitar-la en els convenis i els contractes.

b) Perquè els documents es poden signar des de qualsevol lloc.

c) La localitat esdevé irrellevant en els documents administratius signats manualment i electrònicament.

d) Cap de les respostes anteriors és correcta.

21. En els documents signats electrònicament, quina dada ha de figurar al peu de signatura?

a) El nom i cognoms de qui signa.

b) El càrrec.

c) La data.
d) La localitat.

22. Pel que fa a la redacció de les cartes, quin dels següents tractaments personals no utilitza el receptor?

a) 2a persona del plural (vós).
b) 2a persona del singular (tu).
c) 1a persona del plural (nosaltres).
d) 3a persona del singular o del plural (vostè/vostès).

23. Quina és la fórmula de salutació que mostra la màxima formalitat en la redacció de les cartes?

a) Senyor/a.
b) Benvolgut/uda col·lega.
c) Distingit/ida senyor/a.
d) Benvolgut/uda senyor/a.

24. Quina és la fórmula de comiat que mostra la mínima formalitat en la redacció de les cartes?

a) Ben atentament.
b) Ben cordialment.
c) Aprofito aquesta avinentesa per saludar-vos atentament.
d) Una salutació cordial.

25. Amb quina forma s'introdueix el nucli del certificat?

a) CERTIFICA.
b) ES CERTIFICA.
c) CERTIFICO.
d) US CERTIFICO.

26. Indiqueu quina de les següents fórmules de certificació és CORRECTA:

a) I, perquè consti, s'expedeix aquest certificat.
b) I, perquè consti, es signa aquest certificat a petició de la persona interessada.
c) I, perquè consti, s'expedeix aquest certificat per ordre de la supervisora i amb el vistiplau de la directora general.
d) I, perquè consti, només a l'efecte de presentar-lo davant el Servei d'Ocupació de Catalunya, signo aquest certificat.

27. Quina de les següents estructures de datació és correcta?

a) L'Hospitalet de l'Infant, 17 de març de 2024.
b) L'Hospitalet de l'Infant a 17 de març de 2024.

c) L'Hospitalet de l'Infant, 17 de març del 2024.
d) L'Hospitalet de l'Infant, 17 de març del 2024.

28. La diligència...:

a) És un document expedit per l'Administració en què un funcionari o una persona autoritzada legalment fa constar oficialment per escrit alguna circumstància.
b) És un document de caràcter interpersonal de contingut general, no prevista en la tramitació d'un procediment administratiu, i que pot tractar diversos temes.
c) És un document amb què habitualment es demana la presència d'algú en un lloc i en una data (o un termini) determinats perquè hi faci un tràmit administratiu.
d) És un certificat intern que es produeix dins les actuacions administratives i que acredita l'execució d'un tràmit.

29. La fórmula «FAIG CONSTAR que», és pròpia de la...:

a) Carta.
b) Citació.
c) Diligència.
d) Notificació.

30. La citació a dia cert té lloc...:

a) Quan la persona interessada disposa d'un termini i d'un horari per a presentar-se davant l'Administració.
b) Quan es demana la presència d'algú en un lloc i en un termini determinats perquè hi faci un tràmit administratiu.
c) Si el dia i l'hora per als quals se cita una persona són determinats.
d) Si el dia i l'hora per als quals se cita una persona són indeterminats.

31. Indiqueu quina de les següents formes de citació és CORRECTA:

a) Se us cita perquè us presenteu...
b) Se li cita perquè es presenti...
c) Us cito perquè us presenteu...
d) Li cito perquè es presenti...

32. Quina és la forma correcta en una notificació?

a) NOTIFICO.
b) Per tant, resolc.
c) RESOLC.
d) Us notifico.

33. Trieu l'opció de redacció que us sembli més correcta:

a) Els i les administratius s'encarregaran de la gestió dels programes.

b) El nombre d'aturats i aturades de Catalunya es troba en el seu màxim històric des de l'inici de la pandèmia.

c) El personal responsable de la neteja seguirà les mesures de seguretat.

d) Els voluntaris i les voluntàries cooperaran en el Banc dels Aliments.

34. Trieu l'opció de redacció que us sembli més correcta:

a) Es presenta la candidatura a president.

b) Cal derivar el programa a l'interventor.

c) I, perquè així consti, signo aquest certificat a petició de l'interessat.

d) El col·lectiu de mestres d'educació primària demana més inversió a les aules.

35. Trieu l'opció de redacció que us sembli més correcta:

a) El funcionari encarregat o la funcionària encarregada ha de realitzar la digitalització dels documents presentats.

b) Avís per al/per a la funcionari/ària afectat/ada pel procediment disciplinari.

c) Cal adjuntar un informe de la metgessa per a tramitar la baixa.

d) El director o directora ha de signar la resolució.

Solució al test n.º 12

1. c) Està relacionada amb la necessitat de buscar sempre la màxima precisió, concisió i claredat en els textos, a fi que els missatges siguin ben entesos pels destinataris.

2. c) Requereix que s'evitin sempre les ambigüitats i que s'utilitzi els termes de forma unívoca.

3. a) El redactor pot judicar o qualificar els fets o les idees.

4. d) Aquesta zona, com la que hem mencionat en l'anterior apartat, es caracteritza per comptar amb un seguit de limitacions geogràfiques, com ara els pendents o la climatologia. Aquestes limitacions condicionen fortament la producció agrària i la seva viabilitat, i per això la rendibilitat de la superfície agrària útil és molt baixa: al voltant dels 470 € per hectàrea. Actualment també condicionen la producció turística.

5. c) La cap de departament va trucar a l'assistenta social.

6. b) Sense més temes en l'ordre del dia, la gerent aixeca la sessió, de la qual, com a secretari estenc aquesta acta.

7. d) Us convoco a la reunió per estudiar el projecte de recollida de residus urbans.

8. b) El nou servei d'atenció telefònica ha tingut molt bona acollida.

9. d) El personal funcionari haurà d'atenir-se necessàriament a aquesta normativa i a totes les obligacions que se'n deriven.

10. a) D'acord amb la vostra sol·licitud del dia 4 de setembre, us trameto l'informe sobre el local i les reclamacions que s'hi refereixen, per tal que prosseguiu amb el tràmit oportú.

11. c) El nostre grup de treball ha estat investigant durant quatre anys sobre la malaltia i hem aconseguit resultats molt positius pel que fa al seu tractament.

12. a) En demanar la paraula el diputat, els mitjans de comunicació van preparar ràpidament els micròfons.

13. c) Només admetrem les sol·licituds dels aspirants que hagin presentat la documentació preceptiva.

14. d) El projecte de llei que els parlamentaris han iniciat aquesta setmana preveu molts aspectes que ens afectaran plenament.

15. d) Per tot el que he exposat demano que se'm concedeixi el trasllat als serveis territorials de Tarragona.

16. b) Com que l'afluència d'usuaris era excessiva, van incrementar el personal a les hores més conflictives.

17. c) Que el pas d'un paràgraf a un altre respon a una evolució en el discurs.

18. c) Funció de comunicació escrita entre persones, tant si es tracta de documents estrictament oficials o que incorporen actes jurídics com si es tracta de documents de tipus més personal o de caràcter no administratiu.

19. d) Sol·licitud.

20. b) Perquè els documents es poden signar des de qualsevol lloc.

21. b) El càrrec.

22. c) 1a persona del plural (nosaltres).

23. c) Distingit/ida senyor/a.

24. b) Ben cordialment.

25. c) CERTIFICO.

26. d) I, perquè consti, només a l'efecte de presentar-lo davant el Servei d'Ocupació de Catalunya, signo aquest certificat.

27. a) L'Hospitalet de l'Infant, 17 de març de 2024.

28. d) És un certificat intern que es produeix dins les actuacions administratives i que acredita l'execució d'un tràmit.

29. c) Diligència.

30. c) Si el dia i l'hora per als quals se cita una persona són determinats.

31. c) Us cito perquè us presenteu...

32. d) Us notifico.

33. c) El personal responsable de la neteja seguirà les mesures de seguretat.

34. d) El col·lectiu de mestres d'educació primària demana més inversió a les aules.

35. d) El director o directora ha de signar la resolució.

Ús de les tecnologies de la informació i la comunicació a l'Administració de la Generalitat de Catalunya. Còpia autèntica (e-Còpia) i digitalització segura. Notificació electrònica (e-Notum). Valisa electrònica (e-Valisa). Tauler electrònic (e-Tauler)

1. Quin protocol s'empra per navegar?

a) FTP.
b) SMTP.
c) Telnet.
d) HTTP.

2. Quin protocol s'utilitza per al correu electrònic?

a) FTP.
b) SMTP.
c) Telnet.
d) HTTP.

3. A quina opció de la barra de menú del navegador Internet Explorer es pot guardar una pàgina al disc dur?

a) Arxiu.
b) Edició.
c) Visualitzar.
d) Preferits.

4. A quina opció de la barra de menú del navegador Internet Explorer es pot cercar un text de la pàgina actual?

a) Arxiu.
b) Edició.
c) Visualitzar.
d) Preferits.

5. Quin nom rep el tipus de lletra emprat a un document?

a) Tipus de lletra.
b) Font.
c) Les dues respostes anteriors són correctes.
d) Cap de les respostes anteriors és correcta.

6. En el grup Tipus de lletra, el botó de subíndex...

a) Alça el text seleccionat per sota de la línia de base.
b) Abaixa el text seleccionat per sobre de la línia de base.
c) Les dues respostes anteriors són correctes.
d) Cap de les respostes anteriors és correcta.

7. Si fem clic al color de lletra Automàtic...

a) S'aplica el color definit al Tauler de control de Windows.
b) S'aplica el color negre.
c) Les dues respostes anteriors són correctes.
d) Cap de les respostes anteriors és correcta.

8. En la llista desplegable d'Escala, es pot expandir o comprimir el text, en quins percentatges?

a) D'1 a 1.000.
b) D'1 a 600.
c) D'1 a 450.
d) Cap de les respostes anteriors és correcta.

9. L'alineació és un comandament de Word que afecta a:

a) La selecció de text.
b) La direcció del text.
c) Les dues respostes anteriors són correctes.
d) Cap de les respostes anterior és correcta.

10. Un estil de Word és un conjunt de característiques de format:

a) Que és pot aplicar al text d'un document.
b) Que es pot aplicar a la imatge d'un document.
c) Les dues respostes anteriors són correctes.
d) Cap de les respostes anterior és correcta.

11. La combinació de tecles per a la alineació centrada és:

a) CTRL + T.
b) CTRL + Q.

c) CTRL + J.
d) Cap de les respostes anterior és correcta.

12. L'interlineat es pot definir com:

a) L'espai que hi ha entre dos paràgrafs d'un document.
b) L'espai que hi ha entre els caràcters d'un paràgraf.
c) L'espai que hi ha entre els paràgrafs seleccionats.
d) Cap de les respostes anterior és correcta.

13. El botó Esborra tot el format:

a) Deixa el text sense format.
b) Esborra tot el format de la selecció.
c) Les dues respostes anteriors són correctes.
d) Cap de les respostes anterior és correcta.

14. Els sagnats a Word:

a) Defineixen el límit esquerre dels paràgrafs d'un document.
b) Defineixen el límit dret dels paràgrafs d'un document.
c) Les dues respostes anteriors són correctes.
d) Cap de les respostes anterior és correcta.

15. La sagnia francesa:

a) Controla el límit esquerre de totes les línies del paràgraf menys la segona.
b) Controla el límit esquerre de totes les línies del paràgraf menys la última.
c) Controla el límit esquerre de totes les línies del paràgraf menys la primera.
d) Cap de les respostes anterior és correcta.

16. En la cel·la activa d'Excel podem introduir:

a) Fórmules i taules de dades.
b) Fórmules i dades constants.
c) Les dues respostes anteriors són correctes.
d) Cap de les respostes anteriors és correcta.

17. Les constants d'Excel poden ser valors:

a) Numèrics i de tipus text.
b) Hores i dates.
c) Les dues respostes anteriors són correctes.
d) Cap de les respostes anteriors és correcta.

18. Si en una cel·la apareixen símbols (#####):

a) Està en notació científica negativa.
b) És un valor de text incorrecte.
c) El valor no cap en l'alçada de la cel·la.
d) Cap de les respostes anteriors és correcta.

19. De manera predeterminada Excel:

a) Mostra 3 fulls de càlcul.
b) Mostra 5 fulls de càlcul.
c) Mostra 10 fulls de càlcul.
d) Cap de les respostes anteriors és correcta.

20. L'opció d'ocultar un full d'Excel, la podem trobar a:

a) El botó de llista Inserir.
b) El botó de llista Full.
c) El botó de llista Format.
d) Cap de les respostes anteriors és correcta.

21. És una comunicació de l'administració amb valor jurídic:

a) El correu institucional.
b) Un fax.
c) Un missatge institucional.
d) La notificació electrònica.

22. Per a poder accedir a una notificació electrònica:

a) Comptes sempre amb deu dies naturals.
b) Comptes sempre amb deu dies hàbils.
c) Comptes amb deu dies naturals, excepte en el cas de notificacions en matèria de contractació pública, que comptes amb cinc dies naturals.
d) Comptes sempre amb cinc dies naturals.

23. Si has rebut una notificació electrònica i has rebutjat l'accés:

a) S'entén per no notificada.
b) Se't donarà per notificat.
c) Passat un mes se't donarà per notificat.
d) Passats 6 mesos se't donarà per notificat.

24. ¿A través de quin instrument es pot accedir a la notificació electrònica?

a) Contrasenya d'un sol ús.
b) idCAT Mòbil.
c) El certificat digital.
d) Totes les respostes anteriors són correctes.

25. És l'eina que s'ha d'utilitzar per a l'enviament de documentació quan necessitem disposar d'un justificant de la tramesa electrònica entre organismes de la Generalitat o entre unitats i ens del departament:

a) E-Notificació.
b) E-Enviament.
c) E-Valisa.
d) E- Notifica.

26. "La publicació d'actes i comunicacions que, per disposició legal o reglamentària, s'hagin de publicar al tauler d'anuncis o edictes pot ser substituïda o complementada per la seva publicació a la seu electrònica de l'organisme corresponent", i aquesta es pot realitzar a través d':

a) E-Notifica.
b) E-Comunica.
c) E-Publica.
d) E-Tauler.

27. La Seu electrònica de l'Administració de la Generalitat de Catalunya es crea a partir de/l:

a) El Decret 76/2020.
b) El Reial decret 203/2021.
c) La Llei 10/2001.
d) El Decret 232/2013.

Solució al test n.º 13

1. d) HTTP.

2. b) SMTP.

3. a) Arxiu.

4. b) Edició.

5. b) Font.

6. d) Cap de les respostes anteriors és correcta.

7. a) S'aplica el color definit al Tauler de control de Windows.

8. b) D'1 a 600.

9. d) Cap de les respostes anterior és correcta.

10. a) Que és pot aplicar al text d'un document.

11. a) CTRL + T.

12. d) Cap de les respostes anterior és correcta.

13. c) Les dues respostes anteriors són correctes.

14. c) Les dues respostes anteriors són correctes.

15. c) Controla el límit esquerre de totes les línies del paràgraf menys la primera.

16. b) Fórmules i dades constants.

17. c) Les dues respostes anteriors són correctes.

18. d) Cap de les respostes anteriors és correcta.

19. a) Mostra 3 fulls de càlcul.

20. c) El botó de llista Format.

21. d) La notificació electrònica.

22. c) Comptes amb deu dies naturals, excepte en el cas de notificacions en matèria de contractació pública, que comptes amb cinc dies naturals.

23. b) Se't donarà per notificat.

24. d) Totes les respostes anteriors són correctes.

25. c) E-Valisa.

26. d) E-Tauler.

27. d) El Decret 232/2013.

Els drets dels empleats i empleades públics: drets individuals i drets individuals exercits col·lectivament. Principis ètics i de conducta dels empleats i empleades públics. Els deures dels empleats i empleades públics

1. Els empleats i empleades públics...:

a) Han d'exercir amb diligència les tasques que tinguin assignades.

b) Han de vetllar pels interessos generals amb subjecció i observança de la Constitució i de la resta de l'ordenament jurídic.

c) Han d'actuar d'acord amb els principis següents: objectivitat, integritat, neutralitat, responsabilitat, imparcialitat, confidencialitat, dedicació al servei públic, transparència, exemplaritat, austeritat, accessibilitat, eficàcia, honradesa, promoció de l'entorn cultural i mediambiental, i respecte a la igualtat entre dones i homes, que inspiren el Codi de conducta dels empleats i empleades públics configurat pels principis ètics i de conducta.

d) Totes les respostes anteriors són correctes.

2. L'actuació dels empleats i empleades públics...:

a) S'ha d'ajustar als principis de lleialtat i bona fe amb totes les Administracions Públiques, i amb els seus superiors, companys, subordinats i amb els ciutadans.

b) S'ha de fonamentar en consideracions subjectives orientades cap a la imparcialitat i l'interès comú, al marge de qualsevol altre factor que expressi posicions personals, familiars, corporatives, clientelars o qualssevol altres que puguin topar amb aquest principi.

c) Ha de perseguir la satisfacció dels interessos generals dels ciutadans.

d) Pot ser contrària a la Constitució i la resta de normes que integren l'ordenament jurídic en determinats casos.

3. Indiqueu quin dels següents és un principi de conducta dels empleats i empleades públics:

a) Han de complir amb diligència les tasques que els corresponguin o se'ls encomanin i, si s'escau, han de resoldre dins de termini els procediments o expedients de la seva competència.

b) S'ha de rebutjar qualsevol regal, favor o servei en condicions avantatjoses que vagi més enllà dels usos habituals, socials i de cortesia, sense perjudici del que estableix el Codi penal.

c) S'han d'abstenir en els assumptes en què tinguin un interès personal, així com de tota activitat privada o interès que pugui representar un risc de plantejar conflictes d'interessos amb el seu lloc públic.

d) No han d'acceptar cap tracte de favor o situació que impliqui privilegi o avantatge injustificat, per part de persones físiques o entitats privades.

4. Els empleats i empleades públics han d'obeir les instruccions i ordres professionals dels superiors?

a) Només les ordres professionals dels superiors; l'obediència a les instruccions és potestatiu.

b) Sí, sempre i en qualsevol cas.

c) No si constitueixen una infracció manifesta de l'ordenament jurídic.

d) Només les instruccions dels superiors; l'obediència a les ordres professionals no és preceptiva.

5. Els empleats i empleades públics han de garantir l'atenció al ciutadà en la llengua que sol·liciti?

a) Sí, sempre que sigui oficial a l'Estat espanyol.

b) No si l'empleat públic la desconeix.

c) Sí, sempre i en qualsevol cas.

d) Sí, sempre que sigui oficial en el territori.

6. Els empleats i empleades públics (marqueu l'opció INCORRECTA)...:

a) Han de guardar secret de les matèries classificades.

b) Han de guardar secret de les matèries la difusió de les quals estigui autoritzada legalment.

c) Han de mantenir la discreció sobre els assumptes que coneguin per raó del seu càrrec.

d) No poden fer ús de la informació obtinguda per a benefici propi o de tercers, o en perjudici de l'interès públic.

7. Els empleats públics han d'exercir amb diligència les tasques que tinguin assignades i vetllar pels interessos generals amb subjecció i observança de la Constitució i de la resta de l'ordenament jurídic, i han d'actuar conformement als següents principis...:

a) Objectivitat, integritat, neutralitat, responsabilitat i imparcialitat.

b) Confidencialitat, dedicació al servei públic, transparència, exemplaritat i austeritat.

c) Accessibilitat, eficàcia, honradesa, promoció de l'entorn cultural i mediambiental i respecte a la igualtat entre dones i homes.

d) Totes les respostes anteriors són correctes.

8. Assenyaleu quin dels següents és un principi de conducta recollit en l'Estatut Bàsic de l'Empleat Públic?

a) Els empleats públics ajustaran la seva actuació als principis de lleialtat i bona fe amb l'Administració en la qual prestin els seus serveis, i amb els seus superiors, companys, subordinats i amb els ciutadans.

b) Els empleats públics no acceptaran cap tracte de favor o situació que impliqui privilegi o avantatge injustificat, per part de persones físiques o entitats privades.

c) Els empleats públics no influiran en l'agilitació o resolució de tràmit o procediment administratiu sense justa causa i, en cap cas, quan això comporti un privilegi en benefici dels titulars dels càrrecs públics o el seu entorn familiar i social immediat o quan suposi un menyscapte dels interessos de tercers.

d) Els empleats públics posaran en coneixement dels seus superiors o dels òrgans competents les propostes que considerin adequades per millorar el desenvolupament de les funcions de la unitat en la qual estiguin destinats.

9. Indiqueu quina de les següents afirmacions s'enquadra dins dels principis de conducta enumerats en l'Estatut Bàsic de l'Empleat Públic:

a) Els empleats públics s'abstindran en aquells assumptes en els que tinguin un interès personal, així com de tota activitat privada o interès que pugui suposar un risc de plantejar conflictes d'interessos amb el seu lloc públic.

b) Els empleats públics administraran els béns i recursos públics amb austeritat i no utilitzaran els mateixos en profit propi.

c) Els empleats públics actuaran d'acord amb els principis d'eficàcia, economia i eficiència.

d) Els empleats públics compliran amb diligència les tasques que els corresponguin o se'ls encomanin i, si escau, resoldran dins de termini els procediments o expedients de la seva competència.

10. D'acord amb l'Estatut Bàsic de l'Empleat Públic, en les seves relacions amb l'Administració en la qual presten serveis, els empleats públics ajustaran la seva actuació als principis de:

a) No arbitrarietat i legalitat.
b) Coordinació i discrecionalitat.
c) Imparcialitat i agilitat.
d) Lleialtat i bona fe.

11. L'article 15 del TRLEBEP assenyala que els empleats públics tenen el següent dret individual que s'exerceix de forma individual:

a) A la llibertat sindical.
b) A la negociació col·lectiva i a la participació en la determinació de les condicions de treball.

c) A l'exercici de la vaga, amb la garantia del manteniment dels serveis essencials de la comunitat.

d) Totes les respostes anteriors són incorrectes.

12. El dret a la carrera administrativa:

a) No és un dret com a tal.

b) Implica el dret al càrrec.

c) Implica el dret a participar en els concursos per a la provisió de llocs de treball.

d) Totes les respostes anteriors són correctes.

13. El deure de formar-se i perfeccionar-se per tal de complir més bé les funcions encomanades:

a) És una obligació fonamental de tot funcionari, la omissió de la qual implica la pèrdua de la seva condició.

b) Deriva del dret a participar en els concursos per a la provisió de llocs de treball.

c) Deriva del dret a la promoció professional.

d) Deriva del dret a la promoció interna.

14. Estan legitimats per convocar una reunió, a més de les organitzacions sindicals, directament o a través dels delegats sindicals... (marqueu l'alternativa de resposta INCORRECTA):

a) Els comitès de seguretat i salut.

b) Els empleats i empleades públics de les administracions respectives en un nombre no inferior al 40 % del col·lectiu convocat.

c) Les juntes de personal.

d) Els delegats i delegades de personal.

15. És un principi ètic dels empleats i empleades públics recollit a l'art. 53 TR-LEBEP:

a) S'abstindran en el assumptes en què tinguin un interès professional, així com de tota activitat privada o interès que pugui suposar un risc de plantejar conflictes d'interessos amb el seu lloc de treball públic.

b) Respectaran la Constitució i la resta de normes aprovades a partir de la promulgació d'aquesta, sense que estiguin vinculats jurídicament a les normes preconstitucionals que integren l'ordenament jurídic.

c) No contrauran obligacions econòmiques ni intervindran en operacions financeres, obligacions patrimonials o negocis jurídics amb persones o entitats.

d) La seva conducta es basarà en el respecte dels drets fonamentals i llibertats públiques, i han d'evitaran tota actuació que pugui produir cap discriminació per raó de naixement, origen racial o ètnic, gènere, sexe, orientació i identitat sexual, expressió de gènere, característiques sexuals, religió o conviccions, opinió, discapacitat, edat o qualsevol altra condició o circumstància personal o social.

Solució al test n.º 14

1. d) Totes les respostes anteriors són correctes.

2. c) Ha de perseguir la satisfacció dels interessos generals dels ciutadans.

3. b) S'ha de rebutjar qualsevol regal, favor o servei en condicions avantatjoses que vagi més enllà dels usos habituals, socials i de cortesia, sense perjudici del que estableix el Codi penal.

4. c) No si constitueixen una infracció manifesta de l'ordenament jurídic.

5. d) Sí, sempre que sigui oficial en el territori.

6. b) Han de guardar secret de les matèries la difusió de les quals estigui autoritzada legalment.

7. d) Totes les respostes anteriors són correctes.

8. d) Els empleats públics posaran en coneixement dels seus superiors o dels òrgans competents les propostes que considerin adequades per millorar el desenvolupament de les funcions de la unitat en la qual estiguin destinats.

9. b) Els empleats públics administraran els béns i recursos públics amb austeritat i no utilitzaran els mateixos en profit propi.

10. d) Lleialtat i bona fe.

11. d) Totes les respostes anteriors són incorrectes.

12. c) Implica el dret a participar en els concursos per a la provisió de llocs de treball.

13. c) Deriva del dret a la promoció professional.

14. a) Els comitès de seguretat i salut.

15. d) La seva conducta es basarà en el respecte dels drets fonamentals i llibertats públiques, i evitaran tota actuació que pugui produir discriminació per raó de naixement, origen racial o ètnic, gènere, sexe, orientació i identitat sexual, expressió de gènere, característiques sexuals, religió o conviccions, opinió, discapacitat, edat o qualsevol altra condició o circumstància personal o social.

El règim disciplinari. Els delictes contra l'Administració pública: la infidelitat en la custòdia de documents i la violació de secrets. La normativa aplicable al personal de la Generalitat de Catalunya sobre el tracte no discriminatori, la igualtat entre persones i la igualtat d'oportunitats entre dones i homes

1. La sanció de suspensió de funcions tindrà una durada màxima de...:

a) Sis anys per a les faltes molt greus.
b) Sis anys en tot cas.
c) Cinc anys en tot cas.
d) D'un any en faltes lleus i de tres anys en faltes greus.

2. La responsabilitat dels funcionaris públics és...:

a) Responsabilitat civil/patrimonial.
b) Responsabilitat penal.
c) Responsabilitat administrativa.
d) Totes les respostes anteriors són correctes.

3. Indiqueu la resposta INCORRECTA. La responsabilitat civil dels funcionaris pot ser:

a) Els funcionaris per la seva condició no poden respondre per responsabilitat civil.
b) Directa del funcionari envers un particular.
c) Indirecta del funcionari envers l'Administració.
d) Són correctes les respostes b) i c).

4. Fent ús de la via de regrés:

a) L'Administració ha de pagar una indemnització a la víctima del dany.
b) L'Administració repercuteix contra el funcionari, sempre i en tot cas.
c) L'Administració repercuteix contra el funcionari que ha actuat amb culpa greu o ignorància inexcusable.
d) L'Administració respon penalment davant de la víctima.

5. El tipus de responsabilitats en què poden incórrer els funcionaris:

a) Són compatibles i independents.
b) Són compatibles i dependents.
c) Són incompatibles i independents.
d) Son incompatibles i dependents.

6. En relació amb el principi *non bis in ídem*:

a) S'admet la no aplicabilitat del principi quan es tracta d'un funcionari, atès que, com que es tracta d'una relació de subjecció especial, es justifica l'exercici del *ius puniendi* pels Tribunals i, al seu torn, la potestat sancionadora de l'Administració.
b) No podran seguir-se simultàniament dos procediments, un d'administratiu i un altre de penal, sinó que es paralitzarà el primer fins que es resolgui del segon, i l'Administració haurà de respectar la declaració fàctica dels Tribunals.
c) Són correctes les respostes a) i b).
d) Totes les respostes anteriors són incorrectes.

7. Indiqueu la resposta INCORRECTA. En relació amb la potestat disciplinària s'exercirà d'acord amb el:

a) Principi de legalitat i tipicitat de les faltes i sancions, a través de la predeterminació normativa o, en el cas del personal laboral, dels convenis col·lectius.
b) Principi d'irretroactivitat de les disposicions sancionadores favorables.
c) Principi de proporcionalitat, no aplicable a la classificació de les infraccions i sancions però sí a la seva aplicació.
d) Totes les respostes anteriors són correctes.

8. Indiqueu quina de les següents es considera una falta greu, segons la regulació vigent:

a) L'incompliment del deure respecte a la Constitució i als respectius Estatuts d'Autonomia de les Comunitats Autònomes i Ciutats de Ceuta i Melilla, en l'exercici de la funció pública.
b) Tota actuació que suposi discriminació per raó d'origen racial o ètnic, religió o conviccions, discapacitat, edat o orientació sexual, identitat sexual, característiques sexuals, llengua, opinió, lloc de naixement o veïnatge, sexe o qualsevol altra condició o circumstància personal o social, així com l'assetjament per raó de sexe, origen racial o ètnic, religió o conviccions, discapacitat, edat, orientació sexual, expressió de gènere, característiques sexuals, i l'assetjament moral i, sexual.
c) L'abandó del servei, així com no fer-se càrrec voluntàriament de les tasques o funcions que tenen encomanades.
d) Les faltes greus seran establertes per Llei de les Corts Generals o de l'Assemblea Legislativa de la corresponent Comunitat Autònoma o pels convenis col·lectius en el cas de personal laboral, atenent a les circumstàncies que estableix la llei.

9. Per raó de faltes comeses podran imposar-se la sanció de:

a) Separació del servei dels funcionaris, que en el cas dels funcionaris interins comportarà la revocació del seu nomenament, i que només podrà sancionar la comissió de faltes greus.

b) Acomiadament disciplinari del personal laboral, que només podrà sancionar la comissió de faltes molt greus i comportarà la inhabilitació per a ser titular d'un nou contracte de treball amb funcions similars a les que exercien.

c) Suspensió ferma de funcions, o d'ocupació i sou en el cas del personal laboral, amb una durada màxima de 4 anys.

d) Trasllat voluntari, amb canvi de localitat de residència o sense, pel període que en cada cas s'estableixi.

10. La imposició de sancions per faltes lleus:

a) Es automàtica.
b) Es durà a terme per procediment sumari amb audiència a l'interessat.
c) Es durà a terme per procediment sumari sense audiència a l'interessat.
d) Totes les respostes anteriors són incorrectes.

11. L'autoritat o funcionari públic que, a consciència (amb dol), sostragués, destruís, inutilitzés o ocultés, total o parcialment, documents la custòdia dels quals li estigui encomanada per raó del seu càrrec, incorrerà en les penes...:

a) De presó d'un a cinc anys.
b) Multa de set a vint-i-quatre mesos.
c) Inhabilitació absoluta per a ocupacions o càrrecs públics.
d) Totes les respostes anteriors són correctes.

12. En l'àmbit de la Generalitat de Catalunya, quin és l'òrgan competent per imposar sancions per faltes molt greus?

a) Els secretaris generals, directors generals o assimilats, respecte al personal que en depengui.

b) El titular del departament en el qual presta serveis el funcionari responsable o del qual depèn l'organisme o l'entitat en què presta serveis.

c) El secretari general del departament, en el qual presta serveis l'inculpat o del qual depèn l'organisme o l'entitat en què presta serveis.

d) Cap de les respostes anteriors és correcta.

13. Segons l'art. 118 del Decret legislatiu 1/1997, de 31 d'octubre, quina és la durada màxima del procediment per determinar la responsabilitat disciplinària i la imposició de sancions?

a) Quatre mesos.
b) Sis mesos.

c) Vuit mesos.
d) Nou mesos.

14. La sanció de separació del servei requereix en tots els casos l'informe previ de...:

a) El Consell Català de la Funció Pública.
b) La Comissió Jurídica Assessora.
c) La Comissió Tècnica de la Funció Pública.
d) El Consell de Garanties Estatutàries.

15. El Capítol II de la Llei 17/2015, del 21 de juliol, d'igualtat efectiva de dones i homes regula...:

a) Les competències de l'Administració de la Generalitat i de l'Administració local en matèria de polítiques d'igualtat.
b) Les polítiques públiques per promoure la igualtat efectiva en els diferents àmbits d'actuació.
c) L'objecte, les finalitats generals i l'àmbit d'aplicació de la Llei.
d) Els mecanismes per a garantir el dret d'igualtat efectiva de dones i homes en l'Administració pública.

16. Quin dels següents capítols de la Llei 17/2015, del 21 de juliol, d'igualtat efectiva de dones i homes es troba dividit en set seccions?

a) Capítol II.
b) Capítol IV.
c) Capítol V.
d) Capítols III i V.

17. Quin dels següents continguts regula el Capítol IV de la Llei 17/2015, del 21 de juliol, d'igualtat efectiva de dones i homes? Assenyaleu l'alternativa de resposta INCORRECTA...

a) Observatori de la Igualtat de Gènere.
b) Dret al treball en igualtat d'oportunitats, establiment de mesures per a garantir la igualtat de dones i homes en l'accés al treball, en la formació i en la promoció professional i les condicions de treball.
c) Adequació d'estadístiques i estudis a la perspectiva de gènere.
d) Determinació de les garanties per a assegurar una formació educativa basada en la coeducació, establint les obligacions amb relació a les manifestacions culturals, els mitjans de comunicació i les tecnologies de la informació i la comunicació, en l'àmbit universitari i de la recerca, amb la incorporació transversal de la perspectiva de gènere a tots els estudis universitaris i en l'àmbit esportiu.

18. L'establiment i la regulació dels mecanismes i els recursos per a fer efectiu el dret a la igualtat i a la no-discriminació per raó de sexe en tots els àmbits, etapes i circumstàncies de la vida, constitueix...:

a) Un principi d'actuació dels poders públics recollit a la Llei 17/2015, del 21 de juliol, d'igualtat efectiva de dones i homes.
b) Una finalitat de la Llei 17/2015, del 21 de juliol, d'igualtat efectiva de dones i homes.
c) L'objecte de la Llei 17/2015, del 21 de juliol, d'igualtat efectiva de dones i homes.
d) Un objectiu de la Llei 17/2015, del 21 de juliol, d'igualtat efectiva de dones i homes.

19. És una finalitat de la Llei 17/2015, del 21 de juliol, d'igualtat efectiva de dones i homes...:

a) Garantir que les polítiques públiques assegurin el lliure desenvolupament de l'autonomia i les capacitats de les persones, i l'exercici efectiu de la plena ciutadania des del respecte a la diversitat i la diferència.
b) Afavorir una distribució corresponsable entre dones i homes del treball de mercat i del treball domèstic i de cura de persones, en el marc d'un model de societat sostenible.
c) Reconèixer el dret de les dones al propi cos, el dret al lliure desenvolupament de la identitat i l'orientació sexuals, i els drets sexuals i reproductius, i garantir la lliure decisió de les persones a l'hora d'exercir-los.
d) Totes les respostes anteriors són correctes.

20. Indiqueu amb quin concepte es correspon la següent definició: "La condició d'ésser iguals homes i dones en les possibilitats de desenvolupament personal i de presa de decisions, sense les limitacions imposades pels rols de gènere tradicionals, per la qual cosa els diferents comportaments, aspiracions i necessitats de dones i d'homes són igualment considerats, valorats i afavorits".

a) Perspectiva de gènere.
b) Igualtat de gènere.
c) Equitat de gènere.
d) Transversalitat de gènere.

21. Assenyaleu quin dels següents NO es correspon amb un dels principis d'actuació dels poders públics establerts per la Llei 17/2015, del 21 de juliol, d'igualtat efectiva de dones i homes...:

a) Equilibrar el treball de mercat i el treball domèstic i de cura de persones i corresponsabilitat en el treball.
b) Donar suport a les famílies, en la mesura que són un instrument eficaç per a corregir desigualtats.
c) Erradicar la violència masclista.
d) Fer un ús no sexista ni estereotipat del llenguatge.

22. Indiqueu amb quin principi d'actuació dels poders públics establerts per la Llei 17/2015, del 21 de juliol, d'igualtat efectiva de dones i homes, es correspon la següent descripció: *Els poders públics han de fer valer les aportacions de les dones en la construcció, el manteniment i la transformació de la societat; fer visibles i reconèixer les diferències, les singularitats i les particularitats territorials, culturals, ètniques, religioses, personals, d'edat, estat de salut, socioeconòmiques i d'orientació i identitat sexuals de dones i homes sense exclusions; reconèixer les dones com a subjectes socials, econòmics i polítics, i destacar les experiències vitals tant de dones com d'homes.*

a) Perspectiva de les dones.
b) Justícia social i redistribució de la riquesa.
c) Apoderament de les dones.
d) Democràcia paritària i participació paritària de dones i homes en els afers públics.

23. En aplicació de la Llei 17/2015, del 21 de juliol, d'igualtat efectiva de dones i homes, s'entén per representació paritària la situació que garanteix una presència de dones i homes segons la qual...:

a) Cap sexe no supera el 70% del conjunt de persones a què es refereix ni és inferior al 60%, i que ha de tendir a assolir el 50% de persones de cada sexe.
b) Cap sexe no supera el 75% del conjunt de persones a què es refereix ni és inferior al 40%, i que ha de tendir a assolir el 50% de persones de cada sexe.
c) Cap sexe no supera el 60% del conjunt de persones a què es refereix ni és inferior al 40%, i que ha de tendir a assolir el 50% de persones de cada sexe.
d) Cap sexe no supera el 50% del conjunt de persones a què es refereix ni és inferior al 30%, i que ha de tendir a assolir el 50% de persones de cada sexe.

24. Quin dels següents continguts es regula al Títol II de la Llei del dret de les dones a erradicar la violència masclista? Assenyaleu l'alternativa de resposta INCORRECTA...

a) L'obligació dels poders públics de desenvolupar les accions necessàries per a detectar i identificar les situacions de risc, i també per a intervenir per mitjà dels protocols específics d'actuació.
b) El dret a l'atenció i l'assistència sanitàries especialitzades per mitjà de la xarxa d'utilització pública.
c) L'actuació de les polítiques públiques en l'àmbit educatiu incorporant-hi la coeducació com a element fonamental en la prevenció de la violència masclista.
d) Les mesures específiques destinades als mitjans de comunicació, que en el camp de la publicitat han de seguir l'obligació de respectar la dignitat de les dones i la prohibició de generar i difondre continguts que justifiquin o banalitzin la violència masclista o incitin a practicar-la, tant si s'exhibeixen en mitjans públics com en privats.

25. El Títol III de la Llei del dret de les dones a erradicar la violència masclista regula tots els drets de les dones a la prevenció, l'atenció, l'assistència, la protecció, la recuperació i la reparació integral, que esdevenen el nucli central dels drets de les dones en situacions de violència masclista. Per reparació s'entén...:

a) Conjunt d'accions destinades a una persona perquè pugui superar les situacions i les conseqüències generades per l'abús en els àmbits personal, familiar i social, tot garantint-ne la seguretat i facilitant-li la informació necessària sobre els recursos i els procediments perquè pugui resoldre la situació.

b) Conjunt de mesures jurídiques, econòmiques, socials, laborals, sanitàries, educatives i similars, preses pels diversos organismes i agents responsables de la intervenció en l'àmbit de la violència masclista, que contribueixen al restabliment de tots els àmbits danyats per la situació viscuda.

c) Posada en funcionament de diferents instruments teòrics i tècnics que permetin identificar i fer visible la problemàtica de la violència masclista, tant si apareix de forma precoç com de forma estable, i que permetin també conèixer les situacions en les quals s'ha d'intervenir, per tal d'evitar-ne el desenvolupament i la cronicitat.

d) Etapa del cicle personal i social d'una dona que ha viscut situacions de violència en què es produeix el restabliment de tots els àmbits danyats per la situació viscuda.

26. Quin dels següents Títols de la Llei del dret de les dones a erradicar la violència masclista NO presenta una estructura capitular?

a) De la prevenció, la detecció i l'erradicació de la violència masclista.

b) Dels drets de les dones en situacions de violència masclista a la prevenció, l'atenció, l'assistència, la protecció, la recuperació i la reparació integral.

c) De les competències, l'organització i la intervenció integral contra la violència masclista.

d) Cap de les respostes anteriors és correcta.

27. Tota conducta o omissió intencional que produeixi en una dona una desvaloració o un patiment, per mitjà d'amenaces, d'humiliació, de vexacions, de menysteniment, menyspreu, d'exigència d'obediència o submissió, de coerció verbal, d'insults, d'aïllament o qualsevol altra limitació del seu àmbit de llibertat, té la consideració de...:

a) Violència econòmica.

b) Violència psicològica.

c) Violència física.

d) Violència sexual i abusos sexuals.

28. L'assetjament per raó de sexe i l'assetjament sexual constitueixen dues tipologies de violència que es poden manifestar en l'àmbit...:

a) Familiar.

b) De la parella.

c) Laboral.
d) Social o comunitari.

29. La violència en l'àmbit social o comunitari comprèn ... (assenyaleu l'alternativa de resposta INCORRECTA):

a) Qualsevol procediment que impliqui o pugui implicar una eliminació total o parcial dels genitals femenins o hi produeixi lesions, sempre que no hi hagi consentiment exprés o tàcit de la dona.
b) La violència derivada de conflictes armats.
c) L'ús de la violència física i sexual exercida contra les dones determinada per l'ús premeditat del sexe com a arma per a demostrar poder i abusar-ne.
d) Tràfic de dones amb finalitat d'explotació sexual i amb altres finalitats amb dimensió de gènere.

30. La violència en l'àmbit familiar...:

a) Inclou la violència física, digital, sexual, psicològica o econòmica exercida contra les dones i les menors d'edat en el si de la família i perpetrada per membres de la mateixa família o per membres del nucli de convivència, en el marc de les relacions afectives i dels lligams de l'entorn familiar.
b) Inclou la violència exercida en l'àmbit de la parella.
c) Inclou la violència física, psicològica, sexual o econòmica exercida contra una dona i perpetrada per l'home que n'és o n'ha estat el cònjuge o per la persona que hi té o hi ha tingut relacions similars d'afectivitat.
d) Totes les respostes anteriors són correctes.

31. Per a assolir les finalitats reconegudes en la Llei del dret de les dones a erradicar la violència masclista, els poders públics de Catalunya han de seguir determinats criteris d'actuació (assenyaleu quina de les següents opcions és INCORRECTA):

a) El compromís de no-discriminació de les dones, evitant que els poders públics les discriminin, depurant responsabilitats quan qui pertanyi o treballi per a les administracions exerceixi actes de discriminació i protegint-les davant de les discriminacions que puguin causar tercers.
b) La consideració de l'impacte individual en la dona que pateix la violència masclista directament, i també de l'impacte col·lectiu en les altres persones que en són coneixedores i que assisteixen a la resposta de les administracions.
c) Foment dels instruments de participació i col·laboració amb les organitzacions socials, en especial les de dones, com els consells de dones, el moviment associatiu de les dones i els grups de dones pertanyents a moviments socials i sindicals, en el disseny, el seguiment i l'avaluació de les polítiques públiques per a erradicar la violència masclista.
d) Concretar mesures per a introduir l'especialització de tots els col·lectius professionals que intervenen en l'atenció, l'assistència, la protecció, la recuperació i la reparació destinades a les dones i les altres víctimes de la violència masclista.

32. El Capítol IV de la Llei 17/2015, del 21 de juliol, d'igualtat efectiva de dones i homes, estableix les polítiques públiques per a promoure la igualtat efectiva en els diferents àmbits d'actuació. Quin dels següents continguts no es regula en aquest Capítol?

a) Determinació de les garanties per a assegurar una formació educativa basada en la coeducació, i establiment de les obligacions amb relació a les manifestacions culturals, els mitjans de comunicació i les tecnologies de la informació i la comunicació, en l'àmbit universitari i de la recerca, amb la incorporació transversal de la perspectiva de gènere a tots els estudis universitaris i en l'àmbit esportiu.
b) Mesures específiques en matèria de medi ambient, urbanisme i habitatge.
c) Disposició de les mesures per a la necessària reorganització dels usos dels temps, les polítiques socials, que tenen en compte les necessitats especials de determinats col·lectius de dones, les polítiques de promoció i suport a les dones dels sectors agrícola, ramader, forestal i pesquer, les polítiques d'apoderament de les dones en matèria de cooperació al desenvolupament i les polítiques de salut i serveis i de família.
d) Defensa de la igualtat de dones i homes.

33. Les qüestions relatives a la sensibilització social i informació per a prevenir i eliminar la violència masclista es regulen...:

a) Al Títol I de la Llei 5/2008, del 24 d'abril.
b) Al Títol II de la Llei 5/2008, del 24 d'abril.
c) Al Títol III de la Llei 5/2008, del 24 d'abril.
d) Al Títol IV de la Llei 5/2008, del 24 d'abril.

34. Dins els drets d'atenció i de reparació a què fa referència el Capítol 3 del Títol III de la Llei 5/2008, del 24 d'abril, NO s'inclou...:

a) Dret a l'ocupació i a la formació ocupacional.
b) Dret a l'atenció i a l'assistència jurídiques.
c) Drets en l'àmbit de l'accés a un habitatge.
d) Dret a l'atenció i l'assistència sanitàries específiques.

35. La Llei que té per objecte fer efectiu el dret d'igualtat de tracte i d'oportunitats entre dones i homes, en particular mitjançant l'eliminació de la discriminació de la dona, sigui quina sigui la seva circumstància o condició, en qualssevol dels àmbits de la vida i, singularment, en les esferes política, civil, laboral, econòmica, social i cultural per a, en desenvolupament dels articles 9.2 i 14 de la Constitució, aconseguir una societat més democràtica, més justa i més solidària, és:

a) La Llei 17/2015, de 21 de juliol.
b) La Llei 5/2008, de 24 d'abril.
c) La Llei orgànica 3/2007, de 22 de març.
d) La Llei orgànica 6/2006, de 19 de juliol.

36. Quina forma jurídica presenta l'Institut Català de les Dones?

a) És un ens públic de naturalesa singular.
b) És una entitat de dret públic sotmesa a l'ordenament jurídic privat.
c) És una entitat autònoma administrativa.
d) És una entitat autònoma de caràcter comercial.

37. A quin departament de la Generalitat es troba adscrit l'Institut Català de les Dones?

a) Al Departament d'Igualtat i Feminismes.
b) Al Departament de Cultura.
c) Al Departament de Justícia i Qualitat Democràtica.
d) Al Departament de Drets Socials i Inclusió.

38. El valor de l'indicador de renda de suficiència de Catalunya per a cada exercici es determina:

a) Al Decret legislatiu 3/2002, de 24 de desembre, pel qual s'aprova el Text refós de la Llei de finances públiques de Catalunya.
b) A la Llei 5/2008, de 24 d'abril, del dret de les dones a erradicar la violència masclista.
c) A la Llei de pressupostos anuals.
d) A la Llei 17/2015, de 21 de juliol, d'igualtat efectiva de dones i homes.

39. En quin capítol de la Llei 17/2015, de 21 de juliol, es regulen les polítiques públiques per a promoure la igualtat efectiva de dones i homes?

a) En el capítol II.
b) En el capítol III.
c) En el capítol IV.
d) En el capítol V.

40. Quin dels següents continguts NO està desenvolupat en el capítol IV de la Llei 17/2015, de 21 de juliol?

a) Mesures específiques en matèria de medi ambient, urbanisme i habitatge.
b) Mecanismes per a garantir el dret d'igualtat efectiva de dones i homes en l'Administració pública per mitjà de les polítiques de contractació pública, les subvencions, els ajuts, les beques i llicències administratives, el nomenament paritari en els òrgans de presa de decisions i els plans d'igualtat per al personal al servei de les administracions públiques de Catalunya, les institucions de la Generalitat, els agents socials i les entitats sense ànim de lucre, i també l'impacte de gènere en les lleis de pressupostos.
c) Determina les garanties per a assegurar una formació educativa basada en la coeducació , i estableix les obligacions amb relació a les manifestacions culturals, els mitjans de comunicació i les tecnologies de la informació i la comunicació, en l'àmbit universitari i de la recerca, amb la incorporació transversal de la perspectiva de gènere a tots els estudis universitaris i en l'àmbit esportiu.
d) Regula la participació política i social per a fer efectiu el dret a la participació social de les dones.

41. Una de les finalitats de la Llei 17/2015, de 21 de juliol, és garantir que les polítiques públiques (assenyaleu l'alternativa de resposta INCORRECTA):

a) Assegurin el lliure desenvolupament de l'autonomia i les capacitats de les persones, i l'exercici efectiu de la plena ciutadania des del respecte a la diversitat i la diferència.

b) Permetin que dones i homes, des de la diversitat, participin en condicions d'igualtat efectiva en la vida familiar, política, social, comunitària, econòmica i cultural.

c) Afirmin i garanteixin l'autonomia i la llibertat de les dones i els homes perquè puguin desenvolupar llurs capacitats i interessos i dirigir la pròpia vida.

d) Contribueixin a erradicar els estereotips culturals que perpetuen les diferències de gènere.

42. En compliment del principi de perspectiva de gènere a què fa referència l'art. 41 de l'Estatut d'autonomia i per a assolir la igualtat efectiva entre dones i homes, sense cap tipus de discriminació per raó de sexe o de gènere, la interpretació de les disposicions de la Llei 17/2015, del 21 de juliol, d'igualtat efectiva de dones i homes, i totes les polítiques i actuacions dels poders públics s'han de regir per un conjunt de principis, entre els quals NO s'hi troba:

a) El principi d'equilibri entre el treball de mercat i el treball domèstic i de cura de persones i corresponsabilitat en el treball.

b) El principi de democràcia paritària i participació paritària de dones i homes en els afers públics.

c) El principi de perspectiva dels homes.

d) El principi d'erradicació de la violència masclista.

43. Amb quin principi es relaciona la següent afirmació: «Les polítiques públiques han de protegir principalment les dones amb fills a càrrec i prioritzar en la distribució de la riquesa la lluita contra la feminització de la pobresa»:

a) Transversalitat de la perspectiva de gènere i de les polítiques d'igualtat de gènere.

b) Apoderament de les dones.

c) Justícia social i redistribució de la riquesa.

d) Ús no sexista ni estereotipat del llenguatge.

44. Quin dels següents continguts NO es regula en la Llei 5/2008, de 24 d'abril, del dret de les dones a erradicar la violència masclista?

a) De les competències, l'organització i la intervenció integral contra la violència masclista.

b) De la prevenció, la detecció i l'erradicació de la violència masclista.

c) Dels drets de les dones en situacions de violència masclista a la prevenció, l'atenció, l'assistència, la protecció, la recuperació i la reparació integral.

d) De les polítiques públiques per a promoure la igualtat efectiva de dones i homes.

45. La finalitat de la Llei 19/2020, del 30 de desembre, d'igualtat de tracte i no-discriminació, és evitar qualsevol de les formes de discriminació que prenen per pretext qualsevol dels motius següents (marqueu l'opció INCORRECTA):

a) Conviccions religioses, i qualsevol manifestació d'islamofòbia, de cristianofòbia o de judeofòbia.
b) Aspecte físic o indumentària.
c) Estat civil.
d) Sexe o gènere, orientació o identitat sexual, i qualsevol forma de LGBTI-fòbia o de misogínia.

46. L'aporofòbia és...:

a) L'hostilitat o el prejudici cap als jueus com a grup religiós o ètnic, que es manifesta com a odi envers un individu o com a persecució institucionalitzada i violenta del col·lectiu.
b) L'aversió o la discriminació contra les persones bisexuals.
c) L'aversió o la discriminació contra les persones amb diversitat funcional.
d) El rebuig, el menyspreu o l'odi envers les persones pobres, sense sostre o sense llar.

47. El procés pel qual un grup amb poder defineix el que és normal i deixa fora d'aquesta definició altres conductes que, en conseqüència, són considerades no normatives, es refereix a una discriminació...:

a) De segon ordre.
b) Per associació.
c) Per estigmatització.
d) Múltiple.

48. Entre els objectius generals del Pla d'Igualtat de gènere de l'Administració de la Generalitat de Catalunya és (marqueu l'alternativa de resposta INCORRECTA):

a) Reforçar les estructures i les eines de la transversalitat de gènere per a una Administració de la Generalitat de Catalunya equitativa, igualitària i feminista.
b) Garantir la igualtat efectiva en tots els nivells de presa de decisió, de representació i de governança.
c) Garantir la tolerància zero a qualsevol tipus de discriminació i violència masclista i violència LGTBI-fòbica en l'Administració de la Generalitat de Catalunya.
d) Cap de les respostes anteriors és correcta.

49. La Llei 13/2025, de 29 de desembre... (marqueu l'opció INCORRECTA):

a) Manté la vigència de la Llei 11/2014, de 10 d'octubre, per a garantir els drets de lesbianes, gais, bisexuals, transgèneres i intersexuals i per a erradicar l'homofòbia, la bifòbia i la transfòbia.
b) Té per objectiu garantir que a Catalunya es pugui viure la diversitat sexual i de gènere en plena llibertat i que els poder públics abordin l'LGBTI-fòbia amb diligència deguda, per a poder-la prevenir, reparar i, eventualment, erradicar.

c) El seu objectiu transformador és avançar cap a una societat en què totes les persones siguin reconegudes com a iguals, sense necessitat d'adequar-se a cap normativitat.

d) Defineix la responsabilitat dels poders públics en matèria de prevenció i reparació de l'LGBTI-fòbia, amb la finalitat de reconèixer els drets individuals de les lesbianes, els gais i les persones bisexuals, trans, no binàries i intersexuals, i de garantir-los una vida lliure de lesbofòbia, gaifòbia, bifòbia, transfòbia i interfòbia.

50. Indiqueu quin dels següents conceptes NO defineix la Llei 13/2025, de 29 de desembre:

a) Expressió de gènere.
b) Identitat de gènere.
c) Preferències sexuals.
d) Característiques sexuals.

Solució al test n.º 15

1. a) Sis anys per a les faltes molt greus.

2. d) Totes les respostes anteriors són correctes.

3. d) Són correctes les respostes b) i c).

4. c) L'Administració repercuteix contra el funcionari que ha actuat amb culpa greu o ignorància inexcusable.

5. a) Són compatibles i independents.

6. c) Són correctes les respostes a) i b).

7. a) Principi de legalitat i tipicitat de les faltes i sancions, a través de la predeterminació normativa o, en el cas del personal laboral, dels convenis col·lectius.

8. d) Les faltes greus seran establertes per Llei de les Corts Generals o de l'Assemblea Legislativa de la corresponent Comunitat Autònoma o pels convenis col·lectius en el cas de personal laboral, atenent a les circumstàncies que estableix la llei.

9. b) Acomiadament disciplinari del personal laboral, que només podrà sancionar la comissió de faltes molt greus i comportarà la inhabilitació per a ser titular d'un nou contracte de treball amb funcions similars a les que exercien.

10. b) Es durà a terme per procediment sumari amb audiència a l'interessat.

11. b) Multa de set a vint-i-quatre mesos.

12. b) El titular del departament en el qual presta serveis el funcionari responsable o del qual depèn l'organisme o l'entitat en què presta serveis.

13. c) Vuit mesos.

14. c) La Comissió Tècnica de la Funció Pública.

15. a) Les competències de l'Administració de la Generalitat i de l'Administració local en matèria de polítiques d'igualtat.

16. b) Capítol IV.

17. a) Observatori de la Igualtat de Gènere.

18. c) L'objecte de la Llei 17/2015, del 21 de juliol, d'igualtat efectiva de dones i homes.

19. d) Totes les respostes anteriors són correctes.

20. b) Igualtat de gènere.

21. b) Donar suport a les famílies, en la mesura que són un instrument eficaç per a corregir desigualtats.

22. a) Perspectiva de les dones.

23. c) Cap sexe no supera el 60% del conjunt de persones a què es refereix ni és inferior al 40%, i que ha de tendir a assolir el 50% de persones de cada sexe.

24. b) El dret a l'atenció i l'assistència sanitàries especialitzades per mitjà de la xarxa d'utilització pública.

25. a) Conjunt d'accions destinades a una persona perquè pugui superar les situacions i les conseqüències generades per l'abús en els àmbits personal, familiar i social, tot garantint-ne la seguretat i facilitant-li la informació necessària sobre els recursos i els procediments perquè pugui resoldre la situació.

26. d) Cap de les respostes anteriors és correcta.

27. b) Violència psicològica.

28. c) Laboral.

29. a) Qualsevol procediment que impliqui o pugui implicar una eliminació total o parcial dels genitals femenins o hi produeixi lesions, sempre que no hi hagi consentiment exprés o tàcit de la dona.

30. a) Inclou la violència física, sexual, psicològica o econòmica exercida contra les dones i les menors d'edat en el si de la família i perpetrada pe membres de la mateixa família, en el marc de les relacions afectives i dels lligams de l'entorn familiar.

31. d) Concretar mesures per a introduir l'especialització de tots els col·lectius professionals que intervenen en l'atenció, l'assistència, la protecció, la recuperació i la reparació destinades a les dones i les altres víctimes de la violència masclista.

32. d) Defensa de la igualtat de dones i homes.

33. b) Al Títol II de la Llei 5/2008, del 24 d'abril.

34. d) Dret a l'atenció i l'assistència sanitàries específiques.

35. c) La Llei orgànica 3/2007, de 22 de març.

36. c) És una entitat autònoma administrativa.

37. a) Al Departament d'Igualtat i Feminismes.

38. c) A la Llei de pressupostos anuals.

39. c) En el capítol IV.

40. b) Mecanismes per a garantir el dret d'igualtat efectiva de dones i homes en l'Administració pública per mitjà de les polítiques de contractació pública, les subvencions, els ajuts, les beques i llicències administratives, el nomenament paritari en els òrgans de presa de decisions i els plans d'igualtat per al personal al servei de les administracions públiques de Catalunya, les institucions de la Generalitat, els agents socials i les entitats sense ànim de lucre, i també l'impacte de gènere en les lleis de pressupostos.

41. c) Afirmin i garanteixin l'autonomia i la llibertat de les dones i els homes perquè puguin desenvolupar llurs capacitats i interessos i dirigir la pròpia vida.

42. c) El principi de perspectiva dels homes.

43. c) Justícia social i redistribució de la riquesa.

44. d) De les polítiques públiques per a promoure la igualtat efectiva de dones i homes.

45. c) Estat civil.

46. d) El rebuig, el menyspreu o l'odi envers les persones pobres, sense sostre o sense llar.

47. c) Per estigmatització.

48. d) Cap de les respostes anteriors és correcta.

49. a) Manté la vigència de la Llei 11/2014, de 10 d'octubre, per a garantir els drets de lesbianes, gais, bisexuals, transgèneres i intersexuals i per a erradicar l'homofòbia, la bifòbia i la transfòbia.

50. c) Preferències sexuals.

Cómo acceder al Curso

Auxiliar Administratiu/va
Test del temari

El uso de los códigos **es exclusivo de los compradores de los productos de Editorial MAD**. Cada producto posee un código único y de un solo uso. Es personal e intransferible y da acceso a servicios y contenidos adicionales. Editorial MAD se reserva el derecho de hacer cuantas comprobaciones sean necesarias para identificar al legítimo poseedor del código y dejar de dar servicio a quien haga uso fraudulento del mismo, además de emprender cuantas acciones legales estime oportunas según la legislación vigente.

Deberás acceder a:

mad.es/registro-campus

Si una vez aceptadas las condiciones de uso del Campus decides hacer uso del mismo, necesitarás del siguiente código de acceso junto con los códigos del resto de títulos que se exigen (si fuera el caso):

13JPNK7VRS